刑事法律援助值班律师培训手册

A Training Manual for the Duty Lawyers' Scheme in China

张万洪 主编　　丁 鹏 执行主编

法律出版社
LAW PRESS · CHINA

序

从2010年起,经过长期的地方试点、多方研讨及数场值班律师培训的研磨,这本《刑事法律援助值班律师培训手册》终于出炉。从值班律师办公室在中国零的突破,到《中华人民共和国刑事诉讼法》(以下简称《刑事诉讼法》)2018年修改正式确立值班律师制度,关于值班律师的许多讨论、尝试,已经有了一些初步成果。这本手册就是其中之一。本序言主要说明三个问题:第一,手册给谁用;第二,手册有什么用;第三,手册怎么用。

一、手册给谁用

首先,对于对值班律师制度、参与式法律实务培训感兴趣,想要在各地借鉴或推广该培训模式的司法行政主管人员和律师事务所管理者来说,手册是比较完善、实用的教材。

其次,对新型法律实务技能培训(包括在线学习平台、线下培训)感兴趣的各种法律工作者,以及法律实务培训的组织者、提供者,可以借鉴本手册中的培训方法和协作技巧。

再次,手册适合直接从事值班律师相关工作的管理人员、办案人员和法律服务提供者作为参考,理解值班律师制度。管理人员主要是各级司法行政部门中主管法律援助或者公共法律服务的人,以及参与当地值班律师工作联席会议的其他部门的代表。办案人员包括依照《刑事诉讼法》规定,有义务告知当事人各项基本权利,尤其是有义务告知当事人有获得值班律师帮助和法律援助的权利的公检法等办案部门的人员。法律服务提供者,包括接受法律援助部门指派、参与值班律师工作的专职法律援助律师和律师事务所律师;

在未来还可能包括不具备律师资格,但经过专门培训、通过认证从而可以参与值班律师工作的其他法律专业人士。

最后,法律教育工作者,尤其是对人权法和刑事法律诊所教学感兴趣的法学院教师,可以借鉴本培训模式中的案例演练和讨论设计,改进传统的模拟法庭、角色扮演等教学方法,让关于抽象权利的讨论变得具体生动。法学院学生缺乏实务经验,不是好的当事人或律师角色的扮演者,难以在案例演练中呈现可供同侪借鉴的实务技能。但是,运用录制的律师演练案例的视频,可以弥补这一点。在人权法课堂上,讲授公正审判、性别、残障等领域的议题,也可以借鉴本手册中的案例演练和相关标准。

二、手册有什么用

本手册包括六个模块。

模块一介绍了值班律师制度的理论基础与法律依据。在理论基础方面,本模块概要介绍了人权司法保障、公正审判、有效辩护与值班律师制度的关系。在法律依据方面,本部分回顾了值班律师制度在中国从无到有的历史过程,各部门的立场,以及2018年《刑事诉讼法》修订带来的直接影响。

模块二介绍了值班律师培训的准备环节。本模块主要包括:(1)详细的目标和指标设定让培训贴合实际且富有实效。这部分做好了,才能谈培训的评估和成效,否则该培训就成了2天的活动而已,缺乏可以衡量的产出。(2)培训协作者(Training of Facilitators)是参与式培训的基本前提。称职的协作者既是深刻了解值班律师制度的专家,又是熟悉当下协作技巧的引导者。事先没有专门进行协作者培训,很难想象参与式的值班律师培训如何取得成功。(3)对培训细节的准备也很关键,这包括参与式工具、演练资料或道具,以及会场座位安排,等等。传统的阶梯教室、不可移动的座椅或者参与者只能看到前排后脑勺的听讲式席位,都无法满足参与式培训的要求。参与式培训也会使用投影仪,播放幻灯片或影音资料;但同样重要的是使用大白纸、马克笔让学员参与现场的讨论与交流。

模块三是值班律师培训的直接实施环节。本模块主要包括附有详细指引的日程表和流程安排；各个环节使用的案例材料及示例解答；以及演练完毕下发给学员的补充参考资料，包括联合国、司法部的相关指引条文。

模块四将值班律师工作中的特别脆弱人群单列出来，以强调对刑事司法体系中的女性、残障人等特殊群体应有更高的敏感度，以及依照国际人权标准，比如《残疾人权利国际公约》《曼谷规则》，有效保障其平等权利。本模块不是封闭或穷尽的，因为还有未成年人、老年人等脆弱人群，并未包括进来。这是一个有待继续补充的部分；也是一个供实际执行培训的组织者依照需求加以挑选的模块。

应该指出，除了模块四，整本手册都贯彻了性别视角，在参与人员、讨论议题设置、需求及效果评估中都注意纳入性别视角。一个好的参与式培训，总会重视平等参与的原则。而在当今社会，对性别平等的讨论和行动已经达到了新的高度。参与式培训的平等原则，自然要纳入性别平等的要素。

模块五介绍了对培训的评估。当然，评估不是在培训结束之后才进行，而是在培训之前要有需求评估和基线调研，以设定贴合实际的培训方案和对照培训效果的基准。评估包括定量、定性方法，以及在当前可以用来说明培训前后学员在态度、知识、技能层面之变化的分析模式。

模块六所列的培训阅读材料主要用来提升协作者对值班律师制度历史及现状的熟悉程度。参与培训的律师学员们可能很忙，有可能没有时间提前读这些材料；但是在参与培训期间以及之后，对此有兴趣的，也可以继续阅读。

三、手册怎么用

考虑到值班律师培训的可持续性，本培训的协作者最好来自本地，有一定的刑事实务经验，认同参与式方法，对协作有兴趣。经过培训，协作者应与培训的组织者一起设定培训的目标、指标（第四章），以及负责指导会务、后勤人员，安排培训所需的各项文具材料及场地摆设（第六章）。

培训目标和指标要与流程设计、培训评估结合起来。第四章介绍的培训目标和指标，不仅指引第七章的培训流程设计，还是第十二章评估的前提。

培训实施的每个演练环节（第七、八章），都配有流程提示和要点提示，供协作者参考。初学乍练的协作者还可以将协作技巧部分（第五章）单独印出来，与培训流程对照，时时琢磨。

第八章所列的案例材料，需要单独印制、裁剪，事先提供给各个环节的协作者，供现场下发使用，不要列入学员手册。

培训学员的补充阅读材料，可以摘选第九、十、十一章和模块六的部分内容，在相关演练环节现场单独下发，或编入学员手册，指引学员在演练之后自行阅读。

在评估部分，第十二章所附的前后测问卷可以制作成在线问卷（比如通过问卷星、调查派、灵析等平台），现场通过微信群填写，节省纸张，以及方便收集数据。

目录 Contents

模块一　值班律师制度的理论基础与法律依据

模块二　值班律师培训准备

模块三　值班律师培训实施

模块四　特别脆弱人群保护

模块五　值班律师培训评估

模块六　值班律师阅读材料

模块一

值班律师制度的理论基础与法律依据

本模块旨在通过国际标准、国内立法的变革来阐明值班律师制度的发展过程、具体内容和现实意义。尤其对于值班律师培训的培训者而言,应当熟悉这些内容,才能在培训全过程,尤其是当参与式讨论陷入困局的时候,提供适当引导,明确实务工作的参照依据。

第一章 建立值班律师制度的意义及模式

建立值班律师制度,意味着刑事早期阶段法律援助在中国刑事司法中的进一步完善。在刑事早期阶段,犯罪嫌疑人被羁押后往往没有办法第一时间聘请律师寻求法律帮助。法律援助值班律师工作正好填补了这一空白阶段,解决了当事人获取律师法律帮助的"最后一公里"问题。①

一、刑事早期阶段法律援助是中国人权司法保障的重要内容

刑事法律援助是法律援助最初起源的形式,也是其发展至今最重要的组成部分。世界各国普遍建立了刑事法律援助制度以实现人权的司法保障。刑事法律援助与有效刑事辩护、公正审判等法治原则密不可分。特别是在刑事司法早期阶段,即法庭审判之前的侦查、审查起诉阶段,最容易出现非法取证、剥夺辩护等侵犯人权现象,犯罪嫌疑人或被告人在此阶段心理压力巨大、认知和自我保护能力薄弱,迫切需要及时有效的法律援助。

此外,在中国刑事司法审前阶段,大部分犯罪嫌疑人、被告人处于被羁押状态。自 2009 年"躲猫猫"事件以来,被媒体曝光的一系列看守所非正常死亡案件,引起了社会广泛关注。看守所被羁押人员权利状况成为法律改革和公众视野内的热点议题。人们逐渐意识到,看守所作为法定羁押场所,其主要职能是负责执行刑事羁押以保障刑事诉讼顺利进行,包括平等保障控辩双方的诉讼权利(力)。其要确保在押人员的安全监管,更要尊重和保障在押人员的基本权利。

人权司法保障是构成中国特色人权体系的关键环节。维护被羁押人合法权利是其重要方面。这是中国司法制度积极借鉴人类法治文明所产生的优秀成果。近现代法治社会及国际人权体系中最先提出的刑事司法原则就是公正审

---

① 刘武俊:《打通法律援助"最后一公里"》,载《人民法院报》2018 年 11 月 5 日,第 2 版。

判。从《世界人权宣言》到《公民权利和政治权利国际公约》,以及各种指导刑事司法发展的国际原则与准则,都强调公正审判是人权司法保障的核心要素。而刑事法律援助则是公正审判的必要组成部分。在程序和结果上,刑事司法只有通过输送公正审判,而不是权力腐败或滥用导致当事人遭受歧视与累积怨恨,才能建立法律之治的权威,带给全社会以规则治理、稳定发展的信心。

为进一步促进人权司法保障,在当前司法体制改革中,需要注意缺少律师辩护这块“短板”。因此,“应特别强调两点:一是正确认识辩护律师的积极作用,切实保障辩护律师的各项诉讼权利,为辩护律师参与刑事诉讼提供必要的便利。二是将法律援助制度纳入司法体制改革的大局,结合司法体制改革的具体措施,积极推动法律援助制度的发展与完善”。①

《公民权利和政治权利国际公约》(以下简称《公约》)第 14 条第 3 款(丁)项直接规定了公正审判中有关法律援助的内容,亦即刑事案件的被告人有权“到庭受审,及亲自答辩或由其选任辩护人答辩;未经选任辩护人者,应告以有此权利;法院认为审判有此必要时,应为其指定公设辩护人,如被告无资力酬偿,得免付之”。另外,联合国人权事务委员会《关于〈公民权利与政治权利公约〉第 32 号一般性意见》第 10 段指出:“法律援助的有无往往决定一个人是否能够诉诸有关诉讼或有分量地参加诉讼。《公约》第 14 条第 3 款(丁)项明文处理了在刑事诉讼中的法律援助保障问题。鼓励缔约国在其他(非刑事)案件中,为没有足够能力支偿法律援助费者,提供免费的法律援助。”

这是国际社会就“公正审判”及“法律援助”较早达成的共识。在上述公约的权威评注中,辩护权被解释为一系列相关权利:出庭受审、自行辩护、选择自己的律师、被告知获得律师的权利,以及获得免费法律援助的权利。上述公约订立时,曾经因为其采纳了获得免费法律援助的权利而引起激烈争论。被告人自行辩护的权利最初处于最重要的地位,随后又被获得免费法律援助的权利所补充。该项规定并没有赋予被告人挑选为其免费提供之律师的权利,但缔约国必须采取措施以确保律师在指定后,能够为了司法利益进行有效代理。

此外,中国政府已经批准的《消除对妇女一切形式歧视公约》(1980 年批

---

① 吴宏耀:《补齐“短板”推进法律援助立法》,载正义网:http://news.jcrb.com/jxsw/201803/t20180305_1845837.html,最后访问日期:2018 年 11 月 1 日。

准)、《儿童权利公约》(1991 年批准)、《残疾人权利国际公约》(2008 年批准)等均规定了对特定群体的法律援助。国内相关立法也分别回应、强调、落实了对特定人群的法律援助和司法保护。

二、为什么要关注刑事早期阶段法律援助

联合国成立之初的国际人权文书并未强调刑事早期阶段的法律援助。直到国际社会积累了更多经验,于 2012 年通过《联合国关于在刑事司法系统中获得法律援助机会的原则和准则》,全面凸显了法律援助在刑事司法各阶段的作用。其指出,“国家应当确保,被逮捕者、被拘留者、涉嫌或被控可处以徒刑或死刑的刑事犯罪者在刑事司法程序各阶段均有权得到法律援助”。在实务上,运作良好的早期法律援助制度可以预防超量羁押、不当定罪和案件积压;还可以缩短或消除嫌疑人被羁押时间,从而显著减少其遭受隔离与人格贬黜、失去工作和家人支持的风险,预防再犯现象。

刑事早期阶段法律援助同样是有效辩护的应有之义。有效刑事辩护不仅要求保障当事人知晓并获得法律援助的权利,在法律服务的数量上覆盖司法利益有此需要的群体,而且要求程序上的及时和法律援助的质量。在中国,自侦查机关第一次询问或采取强制措施起,整个刑事司法程序就已经开始。实践中被追诉人的命运大多在审前阶段甚至侦查讯问完成时就已确定,刑讯逼供等侵犯被羁押人权益的现象也主要发生在侦查阶段。为了确保这个过程的公平正义,除了检察机关进行监督、律师有效发挥职能以外,实现控辩双方力量平衡也至关重要。

为此,中国刑事诉讼相关法律逐步完善,赋予每个犯罪嫌疑人或者被告人全过程、全方位的程序和实体上的权利;从现实来看,就是既加强庭审实质化改革中的辩护人角色,又扩展到刑事早期阶段,为嫌疑人、被告人确立了全覆盖的律师帮助。同时,法律还设定了由各种专业人士提供帮助(如语言、法律、医疗等)的机会,以确保他们获得实现自己权利所必需的能力。实现刑事司法中的人权,国家不仅要履行尊重、不侵犯(如关于逮捕条件和羁押期限的规定)之义务,保障其不受他方侵犯(如免于遭受殴打),还包括政府采取措施提供便利条件促进权利的实现(如提供民族语言或手语翻译)。

三、刑事早期阶段法律援助在中国的发展过程

回顾中国刑事法律援助制度的发展历史，可以发现，无论是1954年《人民法院组织法》、1979年《刑事诉讼法》还是1996年修订后的《刑事诉讼法》，都将刑事法律援助的适用范围限定在审判阶段，并没有规定审前阶段可以向犯罪嫌疑人提供刑事法律援助。实践中，也经常出现在开庭前很短时间内，法院临时指派律师援助，而律师甚至来不及会见被告人就出庭辩护的情况。不过，这并未阻止相关实务部门推进审前阶段刑事法律援助的努力。其中主要包括司法部、公安部、最高人民法院、最高人民检察院的相关政策及试点实践。这些工作的阶段成果集中反映在国务院2003年制定的《法律援助条例》及全国人民代表大会2012年修订的《刑事诉讼法》中。

全国人民代表大会于1996年修订《刑事诉讼法》之后，司法部1997年发布了《关于开展法律援助工作的通知》（现已失效——编者注）规定，“盲、聋、哑和未成年人为刑事被告人或犯罪嫌疑人，没有委托辩护律师的，应当获得法律援助；其他残疾人、老年人为刑事被告人或犯罪嫌疑人，因经济困难没有能力聘请辩护律师的，可以获得法律援助”。由于“犯罪嫌疑人”称谓只存在于审前阶段，可以认为这一规定至少表明司法部试图在审查起诉阶段推行刑事法律援助。2000年，司法部与最高人民检察院共同发布《关于在刑事诉讼活动中开展法律援助工作的联合通知》（现已失效——编者注），明确检察机关在对犯罪嫌疑人第一次讯问后或者采取强制措施之日起，或自收到移送审查起诉的案件材料之日起3日内，应当告知其如因经济困难无力委托辩护人，可以通过检察院向当地法律援助机构申请法律援助。2001年，司法部与公安部共同发布《关于在刑事诉讼活动中开展法律援助工作的联合通知》（现已失效——编者注），明确公安机关立案侦查的刑事案件，在对犯罪嫌疑人第一次讯问后或者采取强制措施之日起，对因经济困难无力聘请律师的犯罪嫌疑人，可以告知其向当地的法律援助机构申请法律援助；犯罪嫌疑人在押的，可以通过公安机关向该公安机关所在地的法律援助机构申请法律援助。

但这些部委“规定”“通知”的效力层级有限，实务部门也缺乏经验，审前阶段刑事法律援助的成效尚不明显。直到2003年，国务院制定《法律援助条例》，其第11条第1项明确规定：“犯罪嫌疑人在被侦查机关第一次讯问后或者采取

强制措施之日起,因经济困难没有聘请律师的,可以向法律援助机构申请法律援助。"该条例的位阶低于《刑事诉讼法》,为行政法规,但第一次在立法层面明确了审前阶段可以申请刑事法律援助。随后,最高人民法院、最高人民检察院、公安部、司法部在2005年联合印发《关于刑事诉讼法律援助工作的规定》(现已失效——编者注),对侦查、审查起诉、审判等诉讼阶段的法律援助操作机制进行了较详细的规定。这种联合发文的形式可以弥补法律位阶不高带来的权威不足问题,也可以更好地建立工作衔接机制,有利于开展审前阶段法律援助工作。

四、当前刑事早期阶段法律援助的法律政策依据和良好经验

2012年修订的《刑事诉讼法》,吸收了《律师法》(2007年)关于侦查阶段辩护权的规定。2012年《刑事诉讼法》第34条等还明确指出,提供刑事法律援助的主体是政府法律援助机构,而非原来的承担法律援助义务的律师。其精神契合2003年国务院《法律援助条例》第3条庄重声明的原则,"法律援助是政府的责任",这是政府承担义务保障公民人权的重要体现。同时,刑事法律援助不再是法院指派的旧模式,而是涉及公安、检察、法院等政法部门的相关告知、转交、监督、指定义务,确保犯罪嫌疑人或被告人获得刑事法律援助不只是法律援助机构一方的责任。

据此,审前阶段的通知辩护和依申请的刑事法律援助都有了强有力的法律依据。但司法行政部门能够在何种程度上争取经费、动员律师参与,并协调办案部门履行相关义务,仍然是刑事法律援助发展的"瓶颈"。这需要更多试点政策来撬动主流资源,执行改革后的刑事早期阶段法律援助制度。2014年11月,全国人民代表大会常务委员会授权最高人民法院、最高人民检察院开展刑事案件速裁程序试点工作,该设计也借鉴了河南等地2006年以来试点法律援助值班律师制度的经验,将早期阶段律师帮助列为刑事案件速裁程序的重要内容。2015年6月,国务院办公厅、中共中央办公厅发布《关于完善法律援助制度的意见》,进一步在政策层面提升了法律援助作为公共服务的地位,强调政府应该为此投入更多资源,并将建立看守所法律援助工作站作为具体举措之一。

承接这些经验,2016年10月,最高人民法院、最高人民检察院、公安部、国家安全部、司法部联合印发《关于推进以审判为中心的刑事诉讼制度改革的意见》,随后又印发《关于在部分地区开展刑事案件认罪认罚从宽制度试点工作的办

法》,在司法改革顶层设计上将看守所法律援助工作站及值班律师列为"保障犯罪嫌疑人、被告人获得有效法律帮助"的具体形式。至此,刑事早期阶段法律援助的制度保障和试点经验积累,交替升级到一个新层次,也接近下一次突破的临界点。

2017 年年初,司法部法律援助中心基于"中欧法律援助合作项目"多年积累的经验发布了《刑事早期阶段法律援助质量评估指南》。2017 年 8 月 28 日,最高人民法院、最高人民检察院、公安部、国家安全部、司法部联合发布了《关于开展法律援助值班律师工作的意见》。2017 年 10 月 11 日,最高人民法院、司法部发布了《关于开展刑事案件律师辩护全覆盖试点工作的办法》。这些政策文件为当前刑事早期阶段法律援助工作,特别是值班律师工作,提出了更高的要求,也提供了更详细的指引。

2018 年,全国人民代表大会常务委员会以修正案形式修订《刑事诉讼法》,将认罪认罚程序及值班律师角色进一步明确下来(对这部分立法变革的详细分析请见本手册第三章)。

第二章　公正审判、有效辩护要求与值班律师的角色

本手册注重使用参与式方法来设计培训,同时也考虑到要在培训开始环节,通过一定时间的专家讲解,介绍值班律师制度在国内外发展的来龙去脉和对其意义的一般共识,为培训奠定"基调"(keynote),搭建后续讨论的框架。这一介绍的核心在于从公正审判、有效辩护的视角来界定值班律师工作。① 这部分内容有一些已在第一章阐述,还有一些最好通过幻灯片或其他多媒体形式来呈现。本章收录培训实际使用的课件模板,作为参考:

① 关于公正审判另可参见《公正审判手册》(第 2 版),载 https://zh.amnesty.org/educations/2014-fair-trials-manual/。

一、什么是公正审判？

【什么是获得公正审判的基本保障？】

《公民权利和政治权利国际公约》第14条

- 一、所有的人在法庭和裁判所前一律平等。在判定对任何人提出的任何刑事指控或确定他在一件诉讼案中的权利和义务时，人人有资格由一个依法设立的合格的、独立的和无偏倚的法庭进行公正的和公开的审讯。由于民主社会中的道德的、公共秩序的或国家安全的理由，或当诉讼当事人的私生活的利益有此需要时，或在特殊情况下法庭认为公开审判会损害司法利益因而严格需要的限度下，可不使记者和公众出席全部或部分审判；但对刑事案件或法律诉讼的任何判刑决应公开宣布，除非少年的利益另有要求或者诉讼系有关儿童监护权的婚姻争端。
- 二、凡受刑事控告者，在未依法证实有罪之前，应有权被视为无罪。
- 三、在判定对他提出的任何刑事指控时，人人完全平等地有资格享受以下的最低限度的保证：
- （甲）迅速以一种他懂得的语言详细地告知对他提出的指控的性质和原因；
- （乙）有相当时间和便利准备他的辩护并与他自己选择的律师联络；
- （丙）受审时间不被无故拖延；
- （丁）出席受审并亲自替自己辩护或经由他自己所选择所法律援助进行辩护；如果他没有法律援助，要通知他享有这种权利；在司法利益有此需要的案件中，为他指定法律援助，而在他没有足够能力偿付法律援助的案件中，不要他自己付费；
- （戊）讯问或业已讯问对他不利的证人，并使对他有利的证人在与对他不利的证人相同的条件下出庭和受讯问；
- （己）如他不懂或不会说法庭上所用的语言，能免费获得译员的援助；
- （庚）不被强迫作不利于他自己的证言或强迫承认犯罪。

- 四、对少年的案件，在程序上应考虑到他们的年龄和帮助他们重新做人的需要。
- 五、凡被判定有罪者，应有权由一个较高级法庭对其定罪及刑罚依法进行复审。
- 六、在一人按照最后决定已被判定犯刑事罪而其后根据新的或新发现的事实确实表明发生误审，他的定罪被推翻或被赦免的情况下，因这种定罪而受刑罚的人应依法得到赔偿，除非经证明当时不知道的事实的未被及时揭露完全是或部分是由于他自己的缘故。
- 七、任何人已依一国的法律及刑事程序被最后定罪或宣告无罪者，不得就同一罪名再予审判或惩罚。

人权事务委员会通过的一般性意见

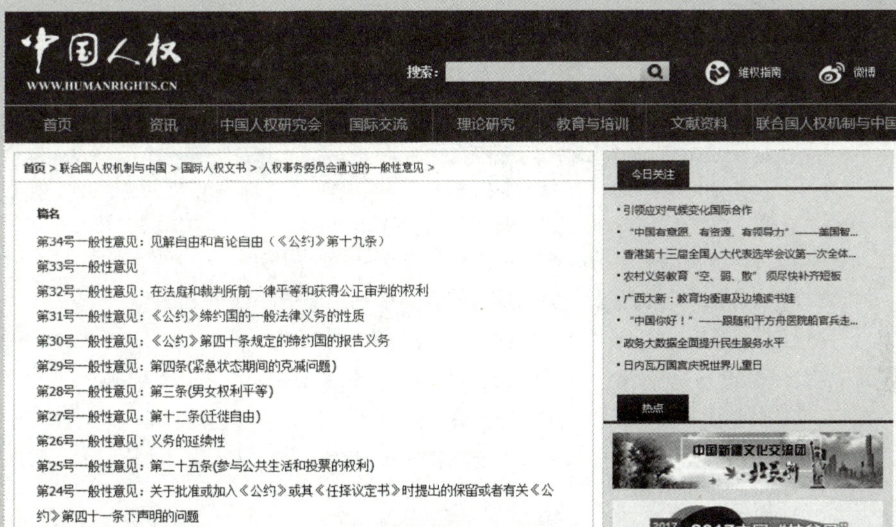

中国人权网：http://www.humanrights.cn/html/gjrqwj/1/2/index.html.

公正审判的各个不同方面

- 人权事务委员会第32号一般性意见（2007年）第3段：
- 第十四条的性质复杂，混合了适用范围各不相同的各种保障。
  - 第1款第一句规定在法庭和裁判所前一律**平等**的一般保障，不论在这些机构的诉讼性质如何。同款第二句规定在判定对任何人提出的任何刑事指控或确定他在一件诉讼案中的权利和义务时，人人有资格由一个依法设立的合格的、**独立**的和无偏倚的法庭进行公正的和**公开**的审讯。在这些审判中，只能根据第1款第三句所规定的具体情况，才可拒绝记者和公众出席旁听。
  - **该条第2～5款列出了受刑事指控者可以利用的程序保障**。
  - 第6款规定在刑事案件中出现**误审可获得赔偿**的实质权利。
  - 第7款规定**一罪不二审**，从而对自由提供实质保障，即个人有权不就已最后定罪或宣告无罪的罪名再次受审判或惩罚。
  - 《公约》缔约国在其报告中，应明确区分公正审判权的各个不同方面。

公正审判与律师帮助、法律援助

- 第10段：**法律援助**的有无往往决定一个人是否能够诉诸有关诉讼或有分量地参加诉讼。第14条第3款（丁）项明文处理了在刑事诉讼中的法律援助保障问题……被判死刑者在刑事审判中寻求对不合法律规定之处进行宪法审查，却没有足够能力支付进行这种补救的法律援助费用，国家就应……提供法律援助。
- 第34段：与律师的联络权要求及时批准被告与律师联系。律师应当能够私下会见委托人，在充分尊重通信保密的条件下与被告联络。另外，律师应当能够向刑事被告提供咨询意见……而不受任何方面的限制、影响、压力或不当的干涉。
- 第38段：　第十四条第3款（丁）项保障在司法利益有需要的案件中为被告指定法律援助；如果他没有足够能力偿付法律援助，不要他自己付费。在决定是否应当“根据司法利益”指定律师时，罪行的严重程度很重要……**在涉及死刑的案件中**，被告必定都须在诉讼所有阶段得到律师的有效协助。主管当局根据这一规定提供的律师必须能够**有效地代理被告**……如果法院和其他有关当局妨碍指定的律师有效地行使职责，也违反该条。

及时问题和语言问题

第32号一般性意见（2007年）：

- 第31段：第3款（甲）项规定的所有受刑事被告**有权迅速以他懂得的语言详细地被告知**对他提出之指控的性质和原因。通知逮捕理由是由《公约》第9条第2款另外作出保障的。“迅速”了解被指控的权利要求在有关个人根据国内法受到正式刑事指控时或被这样公开指控时立即得到信息。可以用口头——如果后来经书面确认——或者书面通知指控来满足第3款（甲）项的具体要求，但信息必须说明指控所依据的法律及声称的一般事实。在缺席审判的情况下，第14条第3款（甲）项规定：尽管被告缺席，但必须采取一切适当步骤通知被告有关指控和审判。
- 第40段：第14条第3款（己）项规定，如果被告不懂法庭上所用的语言，则有权**免费获得译员**的协助。这反映了刑事诉讼中公平和权利平等原则的另一方面。这一权利在口头审理的所有阶段均可享有；不仅适用于本国国民，也适用于外国人。然而，原则上，如果被告的母语不同于法庭的正式语言，但其掌握的正式语言的程度足以有效为自己辩护，则无权免费获得任何译员的协助。
- 良好实践：语言——手语和少数民族语言、外语的翻译？手语视频版的权利告知？供智力障碍者使用的易读文本？

二、什么是有效辩护？

【在整个刑事司法体系中，律师要做什么，当事人处于什么位置？】

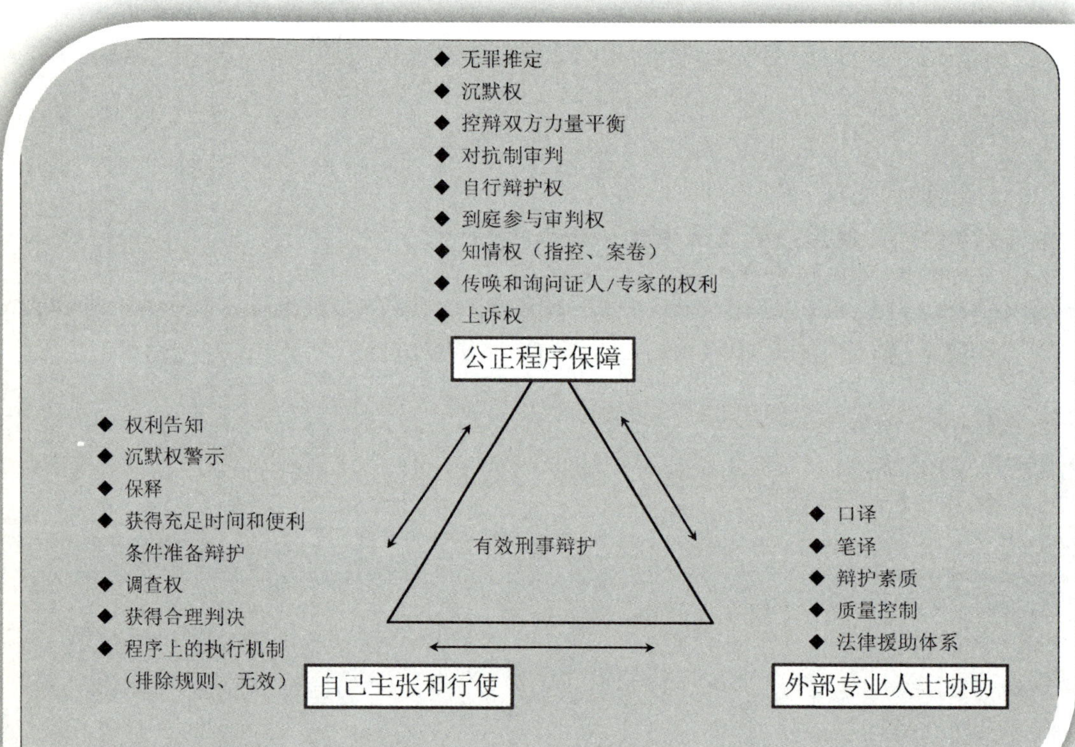

图解有效辩护的“三角”结构[①]

① 参见[英]Ed cape 等主编:《欧洲四国有效刑事辩护研究——人权的视角》,丁鹏等译,法律出版社2012 年版。

三、什么是值班律师？

【摆设、走过场，还是有积极作用？】

从“刑事早期阶段法律援助”说起

- 刑事早期阶段/审前阶段/未决羁押阶段法律援助
  - 《联合国关于在刑事司法系统中获得法律援助机会的原则和准则》（2012年）
    - 联合国成立之初的国际人权文书并未强调刑事早期阶段的法律援助。直到国际社会积累了更多经验，于2012年通过《联合国关于在刑事司法系统中获得法律援助机会的原则和准则》，全面凸显了法律援助在刑事司法各阶段的作用。其指出，“国家应当确保，被逮捕者、被拘留者、涉嫌或被控可处以徒刑或死刑的刑事犯罪者在刑事司法程序各阶段均有权得到法律援助”。
  - 《刑事司法程序早期阶段获得法律援助：决策者与从业者手册》（2016年）

- 在实务上，运作良好的早期法律援助制度可以预防超量羁押、不当定罪和案件积压；还可以缩短或消除嫌疑人被羁押时间，从而显著减少其遭受隔离与人格贬黜，失去工作和家人支持的风险，预防再犯现象。

- 最重要的是实现公正审判与有效辩护。

刑事早期阶段法律援助——中国法律改革

- 2012年修订的《刑事诉讼法》，吸收了《律师法》（2007年）关于侦查阶段辩护权的规定。
  - 2012年《刑事诉讼法》第34条等还明确指出，提供刑事法律援助的主体是政府法律援助机构，而非原来的承担法律援助义务的律师。
  - 其精神契合2003年国务院《法律援助条例》第3条庄重声明的原则，**“法律援助是政府的责任”**，这是政府承担义务保障公民人权的重要体现。
  - 同时，刑事法律援助不再是法院指派的旧模式，而是涉及公安、检察、法院等政法部门的相关告知、转交、监督、指定义务，确保犯罪嫌疑人或被告人获得刑事法律援助不只是法律援助机构一方的责任。

插叙：一项制度改革的波折过程

- 全国人民代表大会于1996年修订《刑事诉讼法》之后，司法部 1997 年发布了《关于开展法律援助工作的通知》（已失效），规定“盲、聋、哑和未成年人为刑事被告人或犯罪嫌疑人，没有委托辩护律师的，应当获得法律援助；其他残疾人、 老年人为刑事被告人或犯罪嫌疑人，因经济困难没有能力聘请辩护律师的，可以获得法律援助”。由于“犯罪嫌疑人”称谓只存在于**审前阶段**，可以认为这一规定至少表明司法部试图在审查起诉阶段推行刑事法律援助。
- 2000年，司法部与最高人民检察院共同发布《关于在刑事诉讼活动中开展法律援助工作的联合通知》（已失效），明确检察机关在对犯罪嫌疑人第一次讯问后或者采取强制措施之日起，或自收到移送审查起诉的案件材料之日起3日内，应当告知其如因经济困难无力委托辩护人，可以通过检察院向当地法律援助机构申请法律援助。
- 2001年，司法部与公安部共同发布《关于在刑事诉讼活动中开展法律援助工作的联合通知》（已失效），明确公安机关立案侦查的刑事案件，在对犯罪嫌疑人第一次讯问后或者采取强制措施之日起，对因经济困难无力聘请律师的犯罪嫌疑人，可以告知其向当地的法律援助机构申请法律援助；犯罪嫌疑人在押的，可以通过公安机关向该公安机关所在地的法律援助机构申请法律援助。

“值班律师”在中国的十年发展

- 早在2006～2008年，联合国开发计划署曾与司法部合作在河南省焦作市开展了值班律师相关试点，当时以在法院设立办公室为主。
- 从2010年起，司法部着手在全国各地进一步推动看守所值班律师试点，2011年已经有一些地方县市的尝试见诸报端。不过总体来看，各地试点取得突破进展，主要还是在2012年刑事诉讼法实施之后。
- 2014年4月，在司法部推动一轮看守所法律援助工作试点之后，公安部监所管理局发布《关于进一步做好看守所法律援助工作站建设工作的通知》，指出：
  - **“辩护权是在押人员最为重要的诉讼权利，在看守所建立法律援助工作站，是保障看守所在押人员合法权益的有效措施**，对于保障刑事诉讼顺利进行具有重要意义，各级公安监管部门要高度重视。……法律援助中心驻看守所工作站主要面向在押人员及其家属，开展收转法律援助申请，宣传法律援助制度，进行法律咨询，法律教育等业务，各看守所要为法律援助工作提供必要的条件和便利。”

从地方试点到“顶层设计”、全国推广

- 2015年6月，国务院办公厅、中共中央办公厅发布**《关于完善法律援助制度的意见》**
- 2016年10月，最高人民法院、最高人民检察院、公安部、国家安全部、司法部联合印发《关于推进以审判为中心的刑事诉讼制度改革的意见》，随后又印发《关于在部分地区开展刑事案件认罪认罚从宽制度试点工作的办法》，在司法改革顶层设计上将看守所法律援助工作站及值班律师列为“保障犯罪嫌疑人、被告人获得有效法律帮助”的具体形式。
- 2017年年初，司法部法律援助中心基于“中欧法律援助合作项目”多年积累的经验发布了《刑事早期阶段法律援助质量评估指南》。
- 2017年8月8日，最高人民法院、最高人民检察院、公安部、国家安全部、司法部联合发布了**《关于开展法律援助值班律师工作的意见》**。【值班律师、法援辩护律师的工作】
- 2017年10月9日，最高人民法院、司法部发布了《关于开展刑事案件律师辩护全覆盖试点工作的办法》。

值班律师做什么？

- 2017年8月28日，最高人民法院、最高人民检察院、公安部、国家安全部、司法部联合发布了**《关于开展法律援助值班律师工作的意见》。该意见第2条规定：**

  法律援助值班律师应当依法履行下列工作职责：

  - （一）解答法律咨询。
  - （二）引导和帮助犯罪嫌疑人、刑事被告人及其近亲属申请法律援助，转交申请材料。
  - （三）在认罪认罚从宽制度改革试点中，为自愿认罪认罚的犯罪嫌疑人、刑事被告人提供法律咨询、程序选择、申请变更强制措施等法律帮助，对检察机关定罪量刑建议提出意见，犯罪嫌疑人签署认罪认罚具结书应当有值班律师在场。
  - （四）对刑讯逼供、非法取证情形代理申诉、控告。
  - （五）承办法律援助机构交办的其他任务。
  - 法律援助值班律师**不提供**出庭辩护服务。符合法律援助条件的犯罪嫌疑人、刑事被告人，可以依申请或通知由法律援助机构为其指派律师提供辩护。

- **【值班律师不是“辩护律师”，但是构成有效辩护与公正审判的必要环节】**

已经走了很远的路，而又继续开始……

- 怎么做，能做什么，成效如何？
- 边学边做，尽可能做，自有公论。

第三章　值班律师制度的法律与政策依据

一、《刑事诉讼法》修订及评析

中国《刑事诉讼法》属于基本法律，于1979年制定，后分别于1996年和2012年进行了两次较大修改，都是由全国人民代表大会审议通过。2018年这次修改，由于指向明确、内容特定、幅度有限，不涉及对《刑事诉讼法》基本原则的修改，根据《宪法》和《立法法》有关规定，参照以往修改《民事诉讼法》《行政诉讼法》的做法，由全国人民代表大会常务委员会对《刑事诉讼法》进行部分补充和修改。①

一般认为，2018年10月26日，全国人民代表大会常务委员会通过刑事诉讼法修正案的主要修法目的包括：(1)为保障国家监察体制改革顺利进行，完善监察法与刑事诉讼法的衔接。(2)为加强境外追逃工作力度和手段，建立刑事缺席审判制度。(3)总结认罪认罚从宽制度、速裁程序试点工作经验，将行之有效的做法上升为法律规范，在全国范围内实行。这方面包括加强对当事人的权利保障，比如对诉讼权利告知、建立值班律师制度、明确将认罪认罚作为采取强制措施时判断社会危险性的考虑因素等作出规定。②

由此可见，值班律师制度的设立，在整个修法过程中，常常被放在“认罪认罚”领域来谈。但是，为了全面理解值班律师工作的重要性及其潜在影响，我们应当从刑事法律援助和律师参与刑事辩护的总体发展进程来把握《刑事诉讼法》

---

① 全国人大常委会法制工作委员会《关于〈中华人民共和国刑事诉讼法(修正草案)〉的说明》，载中国人大网：http://www.npc.gov.cn/npc/xinwen/2018-10/26/content_2064462.htm，最后访问日期：2018年11月5日。

② 这部分内容可以参见全国人大常委会法制工作委员会《关于〈中华人民共和国刑事诉讼法(修正草案)〉的说明》，载中国人大网：http://www.npc.gov.cn/npc/xinwen/2018-10/26/content_2064462.htm，最后访问日期：2018年11月5日；另可参见卞建林：《聚焦刑事诉讼法再修改重点问题》，载《人民法院报》2018年10月31日，第6版。

的修订。具体原因包括以下方面：

首先，值班律师制度是随着认罪认罚程序而确立起来的，但绝不能认为，只有认罪认罚的嫌疑人、被告人才有资格获得值班律师的法律帮助。所有嫌疑人在刑事早期阶段平等获得法律帮助的权利，是规定在《刑事诉讼法》第四章“辩护和代理”里，与认罪认罚程序并行不悖。[①] 2018 年 10 月 26 日，《刑事诉讼法》修正案通过，增设第 36 条，规定：

第三十六条　法律援助机构可以在人民法院、看守所等场所派驻值班律师。犯罪嫌疑人、被告人没有委托辩护人，法律援助机构没有指派律师为其提供辩护的，由值班律师为犯罪嫌疑人、被告人提供法律咨询，程序选择建议，申请变更强制措施，对案件处理提出意见等法律帮助。

人民法院、人民检察院、看守所应当告知犯罪嫌疑人、被告人有权约见值班律师，并为犯罪嫌疑人、被告人约见值班律师提供便利。

其次，值班律师的工作至少在两个不同阶段有不同定位。第一，在法律援助机构指派的律师或者当事人委托的律师为嫌疑人、被告人提供辩护服务前，亦即刑事早期阶段，提供必要的法律咨询。这是最基础的法律服务。其背后一个关键原因在于，绝大部分嫌疑人、被告人受教育程度很低，无法通过书面告知理解自己的权利，必需法律专业人士通过简明的语言当面给出咨询和建议。第二，在进入认罪认罚程序之后，为没有指派或委托律师的被告人提供准刑事辩护服务。这时候，值班律师工作是介于最基础的法律帮助和普通程序的刑事辩护（法律援助）之间。[②]

最后，关于值班律师提供“法律帮助”的职能定位，立法者曾有不同考虑，当前条文也比较模糊，在未来各地制定实施办法、最高人民法院、最高人民检察院制定司法解释的过程中，尚有发展和完善空间。在最初一稿修正案中，《刑事诉讼法》新增第 36 条中对值班律师的界定是：为犯罪嫌疑人、被告人提供法律咨询，程序选择建议、代理申诉控告申请变更强制措施、对案件处理提出意见等辩护。到 2018 年 8 月 28 日全国人民代表大会常务委员会审议后，修正案二审稿对

---

① 陈虹伟：《值班律师有阅卷的必要》，载法制网：http://www.legaldaily.com.cn/Lawyer/content/2018－03/29/content_7509605.htm? node＝32988，最后访问日期：2018 年 11 月 5 日。

② 陈虹伟：《值班律师有阅卷的必要》，载法制网：http://www.legaldaily.com.cn/Lawyer/content/2018－03/29/content_7509605.htm? node＝32988，最后访问日期：2018 年 11 月 10 日。

值班律师的职责作了调整,将值班律师提供“辩护”修改为提供“法律帮助”并删去“代理申诉、控告”的内容。对此官方解释是:一些常委委员、相关部门和社会公众提出,值班律师的职责与辩护人不同,主要应是为没有辩护人的犯罪嫌疑人、被告人提供法律帮助,这样定位符合认罪认罚从宽制度改革试点方案及有关部门关于开展值班律师工作的意见要求,试点情况表明也较为可行。①

应该指出,这是部分立法者对“辩护人”及整个刑事司法中“辩护”概念的理解过于狭隘。本次《刑事诉讼法》修订设立看守所值班律师的进步意义在于,从“有效辩护”与“公正审判”的角度,为刑事诉讼早期阶段被羁押的犯罪嫌疑人、被告人提供及时法律援助,实现刑事法律援助的全覆盖。刑事法律援助直接为犯罪嫌疑人、被告人的辩护权服务,通过保障控辩双方力量平衡,最终实现公正审判。以“辩护”来概括值班律师的工作,才真正补全了《刑事诉讼法》第四章设立的辩护体系,体现出中国人权司法保障的重大进展,也为以后中国批准《公民权利和政治权利国际公约》(尤其是履行第14条)打下了良好基础。

事实上,国务院办公厅、中共中央办公厅2015年发布的《关于完善法律援助制度的意见》明确指出要“建立法律援助值班律师制度,法律援助机构在法院、看守所派驻法律援助值班律师”。可见值班律师的工作就是法律援助制度的一部分,而不是模糊的“法律帮助”。

因此,值班律师从事的是广义的“辩护”工作,完全可以从属于“辩护人”这一概括。将值班律师与辩护人并列,反而会增加观念认识和实务操作中的混乱。将值班律师纳入辩护人,也使修订后第173条第3款关于“听取值班律师意见的”特殊规定可以删去,进一步减少检察院办案流程的复杂性。

2018年《刑事诉讼法》修订中确立值班律师制度,虽然不像监察委改革、缺席审判、认罪认罚等几大主题那么引人瞩目,但也意味着扎实的进步。但是,修正案关于值班律师工作的规定,还遗留了一些问题,值得在培训中讨论探索以及达成共识:

1. 被羁押人知晓度及值班律师工作便利

修订后《刑事诉讼法》第36条第2款规定:

---

① 王琦:《刑诉法修正草案二审　调整值班律师职责》,载新华网:http://www.xinhuanet.com/politics/2018-08/27/c_1123337750.htm,最后访问日期:2018年11月5日。

人民法院、人民检察院、看守所应当告知犯罪嫌疑人、被告人有权约见值班律师，并为犯罪嫌疑人、被告人约见值班律师提供便利。

(1)如何在技术上实现对被羁押人的广泛告知。有学者建议，通过看守所系统广播，提醒被羁押人值班律师已经到了，被羁押人知悉该信息，从而可以申请约见值班律师。

(2)可以借鉴重庆某地的创新做法，考虑到值班律师工作的及时性要求，安排不用排队的绿色通道和专门会见室等，有助于提升值班律师的工作效率和影响力。

2. 值班律师的阅卷权

修订后《刑事诉讼法》第173条第3款规定：

人民检察院依照前两款规定听取值班律师意见的，应当提前为值班律师了解案件有关情况提供必要的便利。

与该法第40条关于阅卷的规定合起来看，值班律师的阅卷权就大打折扣了。

(1)按照前述对值班律师工作2阶段的划分：在早期阶段的法律咨询，国外值班律师通常不需要阅卷，就可以完成工作。不过我们的实践中，如果已经有侦查阶段的案卷，其作为一种公共服务产品，应当同等提供给律师和公诉人。这样更能确保国家资源得到合理有效使用、控辩双方力量平衡，以及刑事诉讼程序公正，最终预防冤错案件。

(2)在认罪认罚程序阶段，值班律师的工作内容更偏向实体辩护，确实有阅卷必要。应当充分利用新技术，比如电子卷，让值班律师可以及时阅卷。现在有些地方，律师获得电子卷不用刻光盘，拿U盘就可以拷贝。[①]

(3)在一些较早开展值班律师试点的地区，比如中部H省W市Q区，相关试行办法规定，值班律师可以阅卷。[②]

3. 值班律师在具结书上签名的意义

修订后《刑事诉讼法》第174条第1款规定，犯罪嫌疑人自愿认罪，同意量刑

---

① 陈虹伟：《值班律师有阅卷的必要》，载法制网：http://www.legaldaily.com.cn/Lawyer/content/2018-03/29/content_7509605.htm?node=32988，最后访问日期：2018年11月3日。

② 信息来源于笔者2018年9月对该区政法委工作人员的访谈。

建议和程序适用的,应当在辩护人或者值班律师在场的情况下签署认罪认罚具结书(一些试点地方的具结书模板参考第八章演练 3 附件)。

首先,应当强调,证明当事人系自愿,"自愿"的内涵不应仅仅指"没有强迫",还要包括"知情同意"。在有的具结书中特别注明:本人可以阅读和理解汉语。若不能阅读和理解汉语,已获得翻译服务,且通过翻译可以完全清楚理解本文内容。其次,值班律师在具结书上签名,证明的具体内容可能包括:犯罪嫌疑人、被告人已经阅读了《认罪认罚具结书》以及《认罪认罚从宽制度告知书》,根据本人所掌握和知晓的情况,犯罪嫌疑人、被告人系自愿签署了上述《认罪认罚具结书》。

4. 对特定人群的认罪认罚及速裁程序安排

修订后《刑事诉讼法》第 174 条第 2 款规定:

犯罪嫌疑人认罪认罚,有下列情形之一的,不需要签署认罪认罚具结书:

(一)犯罪嫌疑人是盲、聋、哑人,或者是尚未完全丧失辨认或者控制自己行为能力的精神病人的;

(二)未成年犯罪嫌疑人的法定代理人、辩护人对未成年人认罪认罚有异议的;

(三)其他不需要签署认罪认罚具结书的情形。

与此相关,《刑事诉讼法》第 223 条规定:

有下列情形之一的,不适用速裁程序:

(一)被告人是盲、聋、哑人,或者是尚未完全丧失辨认或者控制自己行为能力的精神病人的;

(二)被告人是未成年人的;

(三)案件有重大社会影响的;

(四)共同犯罪案件中部分被告人对指控的犯罪事实、罪名、量刑建议或者适用速裁程序有异议的;

(五)被告人与被害人或者其法定代理人没有就附带民事诉讼赔偿等事项达成调解或者和解协议的;

(六)其他不宜适用速裁程序审理的。

(1)前述法条将盲、聋、哑人与精神障碍者、未成年人并列在一起,欠妥。依照我国法律,经过司法判决,精神病人可能属于限制民事行为能力人,无法独立表达自己的认罪认罚意思。但是,成年的盲、聋、哑人,依照《民法总则》,均属于完全民事行为能力人,可以独立表示认罪认罚。

(2)仅仅因为需要阅读辅助、手语翻译等无障碍服务,而将盲、聋、哑人排除在平等的诉讼权利以及重大的司法利益(认罪认罚速裁)之外,有违中国批准的《残疾人权利国际公约》第13条"平等获得司法保护"之规定。该条立法及后续实践在中国政府未来接受国际人权公约审议时可能招致批评。

(3)如果使用手语的被羁押人同样有权选择认罪认罚程序,获得值班律师的法律帮助,那么,以手语视频形式开展这方面的权利告知就很有必要。在湖北省十堰市,作为"法援惠民生·关爱残疾人"法律援助品牌建设工作的一部分,当地法援机构委托相关社会组织制作了面向看守所被羁押人的法律援助告知手语视频,是很好的借鉴。

关于值班律师职能定位、工作程序方面的这些问题,短期内不太可能通过再次法律修订或者新的司法解释来"一揽子"解决。更现实的考虑或许在于,如同2006年到2018年值班律师制度的十多年试点一样,许多创新做法要在基层先探索、尝试,而后才有可能上升为全国性的立法或司法解释。各地开展值班律师培训的意义也正在此,通过集体讨论,纳入各利益相关方视角,借鉴不同地方的有益经验,就前述问题达成共识,在实践中发挥律师能动性,为更好地保护犯罪嫌疑人、被告人权利及完善我国法律援助体系作出贡献。

二、最高人民法院、最高人民检察院、公安部、国家安全部、司法部关于开展法律援助值班律师工作的意见①

为深入贯彻落实中共中央办公厅、国务院办公厅《关于完善法律援助制度的意见》(中办发〔2015〕37号),充分发挥法律援助值班律师在以审判为中心的刑事诉讼制度改革和认罪认罚从宽制度改革试点中的职能作用,依法维护犯罪嫌疑人、刑事被告人诉讼权利,加强人权司法保障,促进司法公正,现提出以下意见。

---

① 发布时间:2017年8月28日,载司法部网:http://www.moj.gov.cn/index/content//2017-08/28/content_7296751.htm?node=86542。

一、法律援助机构在人民法院、看守所派驻值班律师,为没有辩护人的犯罪嫌疑人、刑事被告人提供法律帮助。

人民法院、人民检察院、公安机关应当告知犯罪嫌疑人、刑事被告人有获得值班律师法律帮助的权利。犯罪嫌疑人、刑事被告人及其近亲属提出法律帮助请求的,人民法院、人民检察院、公安机关应当通知值班律师为其提供法律帮助。

二、法律援助值班律师应当依法履行下列工作职责:

(一)解答法律咨询。

(二)引导和帮助犯罪嫌疑人、刑事被告人及其近亲属申请法律援助,转交申请材料。

(三)在认罪认罚从宽制度改革试点中,为自愿认罪认罚的犯罪嫌疑人、刑事被告人提供法律咨询、程序选择、申请变更强制措施等法律帮助,对检察机关定罪量刑建议提出意见,犯罪嫌疑人签署认罪认罚具结书应当有值班律师在场。

(四)对刑讯逼供、非法取证情形代理申诉、控告。

(五)承办法律援助机构交办的其他任务。

法律援助值班律师不提供出庭辩护服务。符合法律援助条件的犯罪嫌疑人、刑事被告人,可以依申请或通知由法律援助机构为其指派律师提供辩护。

三、法律援助机构可以根据人民法院、人民检察院、看守所实际工作需要,通过设立法律援助工作站派驻值班律师或及时安排值班律师等形式提供法律帮助。

工作站应当悬挂统一标牌,配备必要的办公设施,设立指引标识,并放置法律援助格式文书以及相关业务介绍资料。

工作站应当公示法律援助范围、条件、值班律师工作职责及当日值班律师基本信息等。

四、法律援助机构综合社会律师和法律援助机构律师政治素质、职业道德水准、业务能力、执业年限等确定法律援助值班律师人选,建立法律援助值班律师名册。有条件的地方可以组建法律援助值班律师库。

五、法律援助机构根据人民法院、看守所法律援助工作站法律咨询需求量和当地律师资源状况,合理安排值班律师工作时间。律师值班可以相对固定专人或者轮流值班,在律师资源短缺地区可以探索采用现场值班和电话、网络值班相结合的方式。

六、法律援助机构应当将值班律师名册或人员信息送交或告知人民法院、人民检察院、公安机关及看守所。法律援助值班律师在人民法院、看守所法律援助工作站提供值班律师服务应持律师执业证书,实行挂牌上岗,向当事人表明法律援助值班律师身份。

值班律师在接待当事人时,应当现场记录当事人咨询的法律问题和提供的法律解答,解释法律援助的条件和范围,对认为初步符合法律援助条件的当事人引导其申请法律援助。

社会律师和法律援助机构律师应当接受法律援助机构的安排提供值班律师服务。值班律师应当遵守相关法律规定、职业道德、执业纪律,不得误导当事人诉讼行为,严禁收受财物,严禁利用值班便利招揽案源、介绍律师有偿服务及其他违反值班律师工作纪律的行为。值班律师应当依法保守工作中知晓的国家秘密、商业秘密和当事人隐私,犯罪嫌疑人、刑事被告人或者其他人准备或者正在实施危害国家安全、公共安全以及严重危害他人人身安全的犯罪事实和信息除外。

七、法律援助机构要加强对法律援助值班律师工作运行的业务指导,组织开展对值班律师职责、服务内容、执业纪律、刑事诉讼法律知识方面的业务培训,及时统计汇总犯罪嫌疑人、刑事被告人涉嫌罪名、简要案情、咨询意见等信息,定期运用征询所驻单位意见、当事人回访等措施了解值班律师履责情况,对值班律师实行动态化管理。

法律援助机构要向律师协会通报法律援助值班律师履责情况。律师协会要将法律援助值班律师履责情况纳入律师年度考核及律师诚信服务记录。

司法行政机关要加强对律师提供值班律师服务的日常监督管理,总结并不断提升值班律师服务质量水平。对律师在值班律师工作中违反职业道德和执业纪律的行为依法依规处理。

八、人民法院、人民检察院、看守所为法律援助工作站提供必要办公场所和设施。看守所为法律援助值班律师会见提供便利。

人民法院、人民检察院、公安机关、国家安全机关、司法行政机关建立刑事法律援助工作联席会议制度,定期沟通法律援助值班律师工作情况。

九、对于律师资源短缺的地区和单位,法律援助机构要根据律师资源和刑事法律援助需求等,统筹调配律师资源,探索建立政府购买值班律师服务机制,保障法律援助值班律师工作正常有序开展。

十、国家安全机关适用本意见中有关公安机关的规定。

三、最高人民法院、司法部关于开展刑事案件律师辩护全覆盖试点工作的办法[①]

为推进以审判为中心的刑事诉讼制度改革，加强人权司法保障，促进司法公正，充分发挥律师在刑事案件审判中的辩护作用，开展刑事案件审判阶段律师辩护全覆盖试点工作，根据刑事诉讼法等法律法规，结合司法工作实际，制定本办法。

第一条　被告人有权获得辩护。人民法院、司法行政机关应当保障被告人及其辩护律师依法享有的辩护权和其他诉讼权利。

第二条　被告人除自己行使辩护权外，有权委托律师作为辩护人。

被告人具有刑事诉讼法第三十四条、第二百六十七条规定应当通知辩护情形，没有委托辩护人的，人民法院应当通知法律援助机构指派律师为其提供辩护。

除前款规定外，其他适用普通程序审理的一审案件、二审案件、按照审判监督程序审理的案件，被告人没有委托辩护人的，人民法院应当通知法律援助机构指派律师为其提供辩护。

适用简易程序、速裁程序审理的案件，被告人没有辩护人的，人民法院应当通知法律援助机构派驻的值班律师为其提供法律帮助。

在法律援助机构指派的律师或者被告人委托的律师为被告人提供辩护前，被告人及其近亲属可以提出法律帮助请求，人民法院应当通知法律援助机构派驻的值班律师为其提供法律帮助。

第三条　人民法院自受理案件之日起三日内，应当告知被告人有权委托辩护人以及获得值班律师法律帮助。被告人具有本办法第二条第二款、第三款规定情形的，人民法院应当告知其如果不委托辩护人，将通知法律援助机构指派律师为其提供辩护。

---

① 发布时间：2017 年 10 月 11 日，载法制日报法制网：http://www.legaldaily.com.cn/index/content/2017－10/11/content_7340109.htm？node＝20908。

第四条 人民法院通知辩护的，应当将通知辩护公函以及起诉书、判决书、抗诉书、申诉立案通知书副本或者复印件送交法律援助机构。

通知辩护公函应当载明被告人的姓名、指控的罪名、羁押场所或者住所、通知辩护的理由、审判人员姓名和联系方式等；已确定开庭审理的，通知辩护公函应当载明开庭的时间、地点。

第五条 法律援助机构应当自收到通知辩护公函或者作出给予法律援助决定之日起三日内，确定承办律师并函告人民法院。

法律援助机构出具的法律援助公函应当载明辩护律师的姓名、所属单位及联系方式。

人民法院通知辩护公函内容不齐全或者通知辩护材料不齐全的，法律援助机构应当商请人民法院予以补充；人民法院未在开庭十五日前将本办法第四条第一款规定的材料补充齐全，可能影响辩护律师履行职责的，法律援助机构可以商请人民法院变更开庭日期。

第六条 按照本办法第二条第二款规定应当通知辩护的案件，被告人拒绝法律援助机构指派的律师为其辩护的，人民法院应当查明拒绝的原因，有正当理由的，应当准许，同时告知被告人需另行委托辩护人。被告人未另行委托辩护人的，人民法院应当及时通知法律援助机构另行指派律师为其提供辩护。

按照本办法第二条第三款规定应当通知辩护的案件，被告人坚持自己辩护，拒绝法律援助机构指派的律师为其辩护，人民法院准许的，法律援助机构应当作出终止法律援助的决定；对于有正当理由要求更换律师的，法律援助机构应当另行指派律师为其提供辩护。

第七条 司法行政机关和律师协会统筹调配律师资源，为法律援助工作开展提供保障。本地律师资源不能满足工作开展需要的，司法行政机关可以申请上一级司法行政机关给予必要支持。

有条件的地方可以建立刑事辩护律师库，为开展刑事案件律师辩护全覆盖试点工作提供支持。

第八条 建立多层次经费保障机制，加强法律援助经费保障，确保经费保障水平适应开展刑事案件律师辩护全覆盖试点工作需要。

司法行政机关协调财政部门根据律师承办刑事案件成本、基本劳务费用、服务质量、案件难易程度等因素，合理确定、适当提高办案补贴标准并及时足额支付。

有条件的地方可以开展政府购买法律援助服务。

第九条 探索实行由法律援助受援人分担部分法律援助费用。

实行费用分担法律援助的条件、程序、分担标准等,由省级司法行政机关综合当地经济发展水平、居民收入状况、办案补贴标准等因素确定。

第十条 司法行政机关、律师协会应当鼓励和支持律师开展刑事辩护业务,组织资深骨干律师办理刑事法律援助案件,发挥优秀律师在刑事辩护领域的示范作用,组织刑事辩护专项业务培训,开展优秀刑事辩护律师评选表彰活动,推荐优秀刑事辩护律师公开选拔为立法工作者、法官、检察官,建立律师开展刑事辩护业务激励机制,充分调动律师参与刑事辩护工作积极性。

第十一条 第二审人民法院发现第一审人民法院未履行通知辩护职责,导致被告人在审判期间未获得律师辩护的,应当认定符合刑事诉讼法第二百二十七条第三项规定的情形,裁定撤销原判,发回原审人民法院重新审判。

第十二条 人民法院未履行通知辩护职责,或者法律援助机构未履行指派律师等职责,导致被告人审判期间未获得律师辩护的,依法追究有关人员责任。

第十三条 人民法院应当依法保障辩护律师的知情权、申请权、申诉权,以及会见、阅卷、收集证据和发问、质证、辩论等方面的执业权利,为辩护律师履行职责,包括查阅、摘抄、复制案卷材料等提供便利。

第十四条 人民法院作出召开庭前会议、延期审理、二审不开庭审理、宣告判决等重大程序性决定的,应当依法及时告知辩护律师。人民法院应当依托中国审判流程信息公开网,及时向辩护律师公开案件的流程信息。

第十五条 辩护律师提出阅卷要求的,人民法院应当当时安排辩护律师阅卷,无法当时安排的,应当向辩护律师说明原因并在无法阅卷的事由消除后三个工作日以内安排阅卷,不得限制辩护律师合理的阅卷次数和时间。有条件的地方可以设立阅卷预约平台,推行电子化阅卷,允许刻录、下载材料。辩护律师复制案卷材料的,人民法院只收取工本费。法律援助机构指派的律师复制案卷材料的费用予以免收或者减收。

辩护律师可以带一至二名律师助理协助阅卷,人民法院应当核实律师助理的身份。律师发现案卷材料不完整、不清晰等情况时,人民法院应当及时安排核对、补充。

第十六条 辩护律师申请人民法院收集、调取证据的，人民法院应当在三日以内作出是否同意的决定，并通知辩护律师。人民法院同意的，应当及时收集、调取相关证据。人民法院不同意的，应当说明理由；辩护律师要求书面答复的，应当书面说明理由。

第十七条 被告人、辩护律师申请法庭通知证人、鉴定人、有专门知识的人出庭作证的，法庭认为有必要的应当同意；法庭不同意的，应当书面向被告人及辩护律师说明理由。

第十八条 人民法院应当重视律师辩护意见，对于律师依法提出的辩护意见未予采纳的，应当作出有针对性的分析，说明不予采纳的理由。

第十九条 人民法院、司法行政机关和律师协会应当建立健全维护律师执业权利快速处置机制，畅通律师维护执业权利救济渠道。人民法院监察部门负责受理律师投诉。人民法院应当在官方网站、办公场所公开受理机构名称、电话、来信来访地址，及时反馈调查处理结果，切实提高维护律师执业权利的及时性和有效性，保障律师执业权利不受侵害。

第二十条 辩护律师应当坚持以事实为依据、以法律为准绳，依法规范诚信履行辩护代理职责，勤勉尽责，不断提高辩护质量和工作水平，切实维护当事人合法权益、促进司法公正。

在审判阶段，接受法律援助机构指派承办刑事法律援助案件的律师应当会见被告人并制作会见笔录，应当阅卷并复制主要的案卷材料。

对于人民法院开庭审理的案件，辩护律师应当做好开庭前的准备；参加全部庭审活动，充分质证、陈述；发表具体的、有针对性的辩护意见，并向人民法院提交书面辩护意见。对于人民法院不开庭审理的案件，辩护律师应当自收到人民法院不开庭通知之日起十日内向人民法院提交书面辩护意见。

第二十一条 辩护律师应当遵守法律法规、执业行为规范和法庭纪律，不得煽动、教唆和组织被告人监护人、近亲属等以违法方式表达诉求；不得恶意炒作案件，对案件进行歪曲、有误导性的宣传和评论；不得违反规定披露、散布不公开审理案件的信息、材料，或者在办案过程中获悉的案件重要信息、证据材料；不得违规会见被告人，教唆被告人翻供；不得帮助被告人隐匿、毁灭、伪造证据或者串供，威胁、引诱证人作伪证，以及其他干扰司法机关诉讼活动的行为。

第二十二条 司法行政机关和律师协会应当对律师事务所、律师开展刑事辩护业务进行指导监督,并根据律师事务所、律师履行法律援助义务情况实施奖励和惩戒。

法律援助机构、律师事务所应当对辩护律师开展刑事辩护活动进行指导监督,促进辩护律师依法履行辩护职责。

人民法院在案件办理过程中发现辩护律师有违法或者违反职业道德、执业纪律的行为,应当及时向司法行政机关、律师协会提出司法建议,并固定移交相关证据材料,提供必要的协助。司法行政机关、律师协会核查后,应当将结果及时通报建议机关。

第二十三条　人民法院和司法行政机关应当加强协调,做好值班律师、委托辩护要求转达、通知辩护等方面的衔接工作,探索建立工作对接网上平台,建立定期会商通报机制,及时沟通情况,协调解决问题,促进刑事案件律师辩护全覆盖试点工作有效开展。

第二十四条　办理刑事案件,本办法有规定的,按照本办法执行;本办法没有规定的,按照《中华人民共和国刑事诉讼法》《中华人民共和国律师法》《最高人民法院关于适用〈中华人民共和国刑事诉讼法〉的解释》《法律援助条例》《办理法律援助案件程序规定》《关于刑事诉讼法律援助工作的规定》《关于依法保障律师执业权利的规定》等法律法规、司法解释、规章和规范性文件执行。

第二十五条　本办法自发布之日起试行一年。

第二十六条　本办法在北京、上海、浙江、安徽、河南、广东、四川、陕西省(直辖市)试行。试点省(直辖市)可以在全省(直辖市)或者选择部分地区开展试点工作。

模块二

值班律师培训准备

第四章　设定培训目标和具体指标

为了回应前述相关法律政策的发展给刑事早期阶段值班律师工作提出的新要求、新指引，培训应基于各地试点经验及国内外开展参与式法律援助培训的方案，设计培训目标，并将其分解为具体指标，以便于培训组织者、讲师等把握培训要点，评估培训效果，完善培训模式。此外，这些目标及具体指标，与下文课程表所附教学指引中的分阶段目标相互印证，应该结合起来参看。

如表 4－1 所示，下列三个层面的培训目标并未穷尽当前值班律师制度下相关工作的全部重难点，而毋宁是一种因地制宜、权衡取舍后的适合于 2 天培训时长的参照方案。培训组织者可依据实际需要再增减时长和议题。

表 4－1　培训目标与具体指标

层面	培训目标	具体指标
观念层面	增强法律援助值班律师及相关工作人员对被羁押人基本权利的认识	• 值班律师意识到被羁押人的基本权利至少与律师辩护权同样重要； • 值班律师意识到刑事早期阶段法律援助的意义和挑战，为此要努力提升自己的专业性和独立性； • 律师愿意积极参与、推动值班律师制度，包括与多部门协作； • 看守所干警如果参与，他们认识到对被羁押人的人权保障以及值班律师所开展的工作有助于看守所管理； • 驻所检察官如果参与，他们愿意支持值班律师的工作

续表

层面	培训目标	具体指标
知识层面	提升值班律师及相关工作人员对有效法律援助、人权司法保障相关法律体系和具体权利内容的认识	• 值班律师了解公正审判、与被羁押人待遇相关的最低限度标准;特别是被羁押人获得律师帮助,知悉羁押、指控理由,及时充分的获知各项基本程序保障,获得翻译及其他权利; • 值班律师具备在刑事早期阶段提供有效咨询的必要法律知识,包括罪名构成、刑事程序、变更强制措施、证据规则等; • 看守所干警、驻所检察官如果参与,他们也更了解被羁押人在刑事早期阶段的各项基本权利,以及律师为此依法开展工作的各项职能
技能层面	改进值班律师及相关工作人员为被羁押人提供有效法律援助的核心技能	• 值班律师与在押人有效沟通的技能;特别是如何在短时间内建立信任,初步了解案情并提供咨询,确保告知其有关法律援助的权利以及转介法律援助申请,发现当事人的脆弱性和特别需求等; • 值班律师做好完善的记录,注重与后续律师工作的良好交接; • 值班律师参与认罪认罚程序的各项职能; • 值班律师与办案部门的沟通技能; • 如果有驻所检察官及管教干警参与,提升其合作开展刑事法律援助、保障被羁押人权利的能力

第五章　熟悉培训方法和协作技巧

一、总体步骤和方法

为组织、筹备及执行、评估培训，以下总体上的步骤和方法应予以注意。下文培训课程表另附有2天培训的详细步骤指引。

1. 组织、筹备培训，应与地方合作部门一起开展需求评估，收集当地典型案例，讨论设定恰当的培训目标和要点。

2. 以下培训模式的核心方法是特别适合有相关工作经验的成年人的创新参与式方法。①

本参与式培训能够成功，离不开协作者的引导(facilitation)和所有人的积极参与。特别是就实现"参与"而言，其包括三大要素(见图5-1)：容器、设计和当下协作，即设计良好的培训框架、开放积极的培训氛围以及灵活细腻的现场协作。有了良好的参与，专家的学识、学员的经验和态度都能在培训中充分表达出来，好的经验得以分享，固有的偏见受到冲击，以致互相砥砺，共同进步。

(1)小组讨论

在自我介绍环节，小组是最小规模，两人一组，这样的好处是每个人都有机会与另外一个人交流，同时相对私密，便于在参会者相互之间还不熟悉的阶段打开局面。在角色扮演环节，小组规模不超过10人，如本次培训规模为30人，宜按照演练需求分为3~5组。

---

① 关于协作或引导(facilitation)的更多介绍，可见相关分享学习平台。例如，"'引导'字面上的意义是'让事情变得容易'。它是一门鼓励所有相关人之参与、拥有感与创意的方式，是透过流程引领人们达成共同目标的艺术。引导时关注的焦点是流程(如何去做一件事)而不是内容(做些什么)"。参见开放智慧网：http://www.open-quest.com/facilitation/。另可参见训练网：https://zh.trainings.350.org/相关分享。

(2)角色扮演

每组成员拿到案例中的不同角色材料,角色主要分为当事人、律师、观察员等;在协作者的引导下,按照步骤完成角色准备、现场演练、小组讨论、大组汇报等环节。

(3)参与式游戏

全员分组参与主题游戏,通过游戏反思特别脆弱人群的重点保护问题。

(4)同侪教育

在所有的学员参与环节,每个人分享的办案经验、心得、技巧,相互之间的问答和建设性对话,小组内形成的团队合作精神,都构成对在场其他学员的同侪教育(或称同伴教育)。

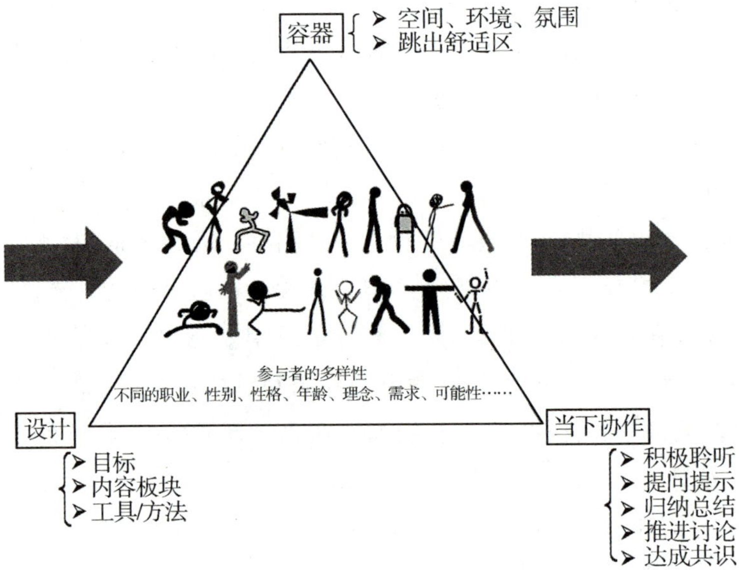

图5-1 参与式活动三大要素:容器、设计和当下协作

3.鼓励值班律师、驻所检察官、看守所干警乃至办案民警等各方力量共同参与培训,成效更为明显。

4.延请相关法学、心理学专家和实务部门高阶负责人作为讲师分享经验,但他们也需要适当了解参与式方法,以充分发挥培训特色。

5.各地可结合地方情况,灵活调整培训模块,比如侧重法律知识或沟通技能,或部门间协调配合等。

6. 培训设有配套的监测与评估机制,以确保培训效果,并不断改善培训模式。

二、协作技巧总结

本培训模式中的协作者,跟“专门协作”不一样,其更像是一个有相关法律实务经验又懂基本协作技巧的培训者(trainer)。为了增强法律人作为培训者的协作技巧,特整理要点如下:①

(一)创造一个所有人都愿意发言的安全、平等、开放、包容的氛围

首先要做的是破冰。带动良性讨论的关键在于使与会者感到轻松自在,而在与会者彼此不熟悉的情况下,要做到这一点并不容易。下面是几个很受欢迎的破冰游戏:

1. 配对介绍:在会议开始前,把与会者两两配对,让每个人采访他/她的搭档,互相了解对方的背景、兴趣、爱好,等等。然后由每个人向所有与会者介绍他/她的搭档。

2. 排队介绍:按照参会者籍贯、出生地(比如南北维度)、出生月份、工作时长等中的一个因素,请参会者快速排序成一列,而后简要介绍自己;应考虑到感官或行动有障碍的参会者的需求;可附加不能说话等限制条件。

3. 填空介绍:发给与会者一个不完整的句子,让他们填写完成。选择一些轻松的、不太严肃的话题。例如:(1)如果我可以去世界上任何地方居住/旅游,我会搬到……(2)如果可以变成一种动物,我会选择变成……(3)如果这辈子只能吃一种食物,我会选择……(4)如果可以穿越 3 天,我会选择去见(哪个历史人物)……(5)我收到过/曾送给别人的最好的礼物是……(6)我是……的专家;(7)我最喜欢的超级英雄是……

(二)鼓励所有人广泛而深入地参与分享

1. 参会者因为各自的工作、学习、培训经历,带有不同的经验和背景。应当

---

① 基于编写团队的经验总结。另可参见 UNODC, *Training curriculum on Women and Imprisonment* Version 1.0, pp. 4–5;以及 The Rights Practice, Introductory Training Course on CAT: Trainers' Manual, 2018。

鼓励参会者之间以及参与者与协作者之间相互尊重、学习。需要明确向大家指出,所有类型的经验都是重要的、有用的。参会者愿意分享自己的经验、故事、情感体会等,都会有助于其他人学有所获。

2. 注意到谁没有发言,谁发言比较多;尽量平衡大家的发言机会。有的人特别踊跃,应当友善而诚恳地提醒他/她先倾听完别人的发言。如果在场有名望很高的专家或资深律师,他/她对参与小组讨论不感兴趣,或者总是过于主导讨论,可以邀请他/她在单独时段分享相关经验,以让所有参加者获益,而不是游离在外或主导小组讨论。

3. 避免提出只有一个正确答案的问题,比如是非题或反问。是非题是讨论的杀手。参会者因为担心回答错误而回避参与这些问题的讨论。

4. 把问题重新抛给参会者,在表达你自己的意见之前,先征求大家的意见。因为在协作者表达自己的看法之后,参会者可能会迟疑而不愿意发言。

5. 用“请再解释一下你说的”“请用自己办的案子说明”等提问,鼓励、引导参会者进一步阐明自己的经验。或者协作者自己总结、重述特别重要的分享。

6. 相比当众发言、演练或大组讨论,一些参会者更喜欢压力较小的小组讨论。在培训开始时,可以尝试先将参会者两两配对或分成小组进行讨论。随后,让每组选出一个代表来总结小组讨论中的亮点。

7. 开口表达之前,一些参会者需要时间来整理和记录他们的思绪。在培训之前或进行中,可以给参会者分派简短的写作或思考任务(比如每人 1 分钟,写在便笺上),再请几个参会者分享看法。

(三)鼓励有建设性的讨论

1. 如果参会者之间有分歧,或者参会者与协作者之间有分歧,尽量引导大家开展有建设性的对话,以及避免出现参会者的想法被完全否决的情况。

2. 不要陷入抽象的、宏大议题的争论。可以举一个具体的事例,将讨论再次聚焦。

3. 不针对个人,只就事论事。

4. 重申最低限度的标准,比如公认的人权原则,以达成共识。

5. 如果参会者很容易同意彼此的意见,协作者需要修改一些环节,以鼓励更深入或批判性的思考。

6. 协作者熟悉培训的具体目标和指标,将有助于在讨论陷入僵局时介入引导。

（四）在推进流程时使用准确、具体、有效的提示

1. 有创意和有成效的讨论有赖于有效的提示。提示就是你要求与会者思考并回应的一个问题、话题、图像或事件。提示的作用是给参会者提供具体实在的讨论焦点。比如：

（1）聚焦新闻事件：提供（或让与会者提供）一个与培训主题相关的新闻事件标题。让参会者阅读标题并讨论该事件与实务的关联。也可以使用照片、音乐、音频或视频短片来作为提示。

（2）情景假设或回应：让与会者讨论一个假设的或与工作真实相关的情景。假设情景（假如……该怎么办？假如在国外……）有助于跳出生活经验的窠臼，纳入批判反思视角——比如本培训中的第一个场景"如果……我需要哪些权利"；另外，真实情景则有助于快速进入讨论，以及回应实际问题——比如本培训中的"世界咖啡馆"环节。

（3）角色扮演：与情景假设或回应不同，参会者不是直接发表意见，而是要先进入不同角色，设身处地演练，之后再反思和讨论，如本培训中的三次演练。

2. 不要一次给出太多步骤提示，参会者记不住。恰当做法诸如，先给出提示"分组入座"，再给出提示"填写便笺"，再给出提示"时间快到了"，再给出提示"如何将便笺贴到不同位置"。

3. 协作者可举例提示参会者回答要尽量具体，比如"聋人当事人看不懂权利告知书"，而不是笼统的"当事人不懂法"。

4. 提醒参会者重点在哪里，不要跑题。总结每一次讨论和某些重要的分享，并关联到目标知识点。适当的重复可以起到强调的效果。

5. 所有这些总结和提示，尽量使用"可视化"的方法，比如将要点写在大白纸上，更好的是呈现为图示。

（五）开诚布公，妥当处理提问

1. 协作者在各环节开始可以简要分享自己与该环节主题相关的经验、故事，树立一个坦诚分享、平等交流的榜样。

2. 协作者一般是中立的引导者，不积极发表自己的看法。如果协作者被提问，应结合课程原则和具体情境，坦诚说明自己的观点。

3. 如果不知道某个问题答案，就承认。虚心请求现场其他人的帮助，以及分享可以在哪里找到更多有用信息。这也会鼓励所有参会者畅所欲言。

4. 对于难以回答但对本次培训又很重要的问题,先用大白纸或便笺纸写下来贴在一旁,协作者在流程空隙花时间进行检索、研究,然后单独或集体给出反馈,避免问题悬而不决;但对于其他不那么相关或不那么重要的问题,可以搁置;对于很相关、很重要的问题,协作者已经有答案,而参会者陷入争论或困境,协作者可以直接点题,给出答案,避免削弱下一步讨论的共识基础。

(六)积极乐观,同时面对现实

1. 鼓励参会者探索更多解决问题的可能方法,但也要意识到时间、技能、预算上的限制。

2. 协作者内心确信课程基本价值和知识点,积极引导大家按照培训设计的流程前进,但也要适可而止。协作者不是万能的,不能强行推着大家走。欲速则不达。有时候慢一点,也是自然的、合理的。

(七)反思积累,不断进步

1. 在一次 2 天的参与式培训中,多名协作者分工合作,以及在协作时相互提醒非常重要,特别是避免初次上阵的协作者遗忘某些设计好的流程。

2. 每次培训后,协作者应有集体反馈及总结。

3. 鼓励协作者多参与同行交流、专门培训,以及多在实际操作中练习,不断积累提升。

就本培训而言,协作者应当积累必要的刑事法、人权法、反歧视法等方面的专业知识,而不只是关注协作技巧。

三、常用参与式方法介绍

(一)头脑风暴(brain storming)①

头脑风暴是用来产生大量想法的一种方法。这一方法包括两个阶段:第一个阶段是在没有任何干预、判断或评价的情况下产生一系列自然形成的、创造性的想法;第二个阶段是进行更仔细的分析来探讨这些想法并评估其合用性。

这一工具在团队问题求解过程中非常有用,可以用来确定问题、探讨问题成

---

① Julius E. Eitington, *The Winning Trainer*, 3rd Ed, Houston: Texas, Gulf Publishing Company.

因和提出解决方案。头脑风暴鼓励积极参与并且激发参与者的最大创造力。

一次成功的头脑风暴需要：

(1)一个主持人来组织讨论和1~2人做记录。

(2)将要解决的问题限制在较小的范围内。

(3)鼓励尽可能多的想法——数量可以产生质量。

(4)每个参与者每次只提出一个想法。

(5)在展示板上快速地、不加批判地记下想法。

(6)不要依任何特定顺序组织词句。

(7)想法记录下来后就不要再修改。

(8)想法可以经由图像、感觉、比喻、事件或人物来表现。

(9)记住:没有错误答案!

(二)给出和接收反馈(give and receive feedback)[①]

1. 给出和接收反馈指南

反馈是一种交流关于行为、表现和行动的信息的方式。如果做得好,反馈可以帮助参与者认识到潜在的问题并予以纠正,可以改进其表现和增强人际沟通。在一个学习型小组中使用反馈的机会有很多。以下是一些在培训过程中适宜使用反馈的例子：

(1)当你要求小组做报告时,使用"你们的小组活动进行得如何?"

(2)当你就培训的进行征求意见时,使用"你们觉得我们的活动方式怎么样?"

(3)当参与者互相对话时,使用"Sally,你在讨论过程中将大家的评论写在展示板上使我们更专注于讨论。"

(4)当你就个人特定行为给出意见时,使用"我们刚刚有点跑题了,感谢Janice带我们回到讨论主题上。"或者"Mark,为了保证其他人也有回答问题的机会,可不可以请你等Sammy说完后再提出你的解决方案?"

---

① Renner, P. (1999) The Art of Teaching Adults-How to become an exceptional instructor & facilitator. Training Associates, Vancouver, p. 105.

表 5－1　给出和接收反馈指南

给出反馈	适宜	不适宜
经要求后再给出反馈,或者经允许后再给出反馈	例:您是否希望听取一些反馈?	例:我想我需要给您一些反馈
挑战想法而不是挑战人,避免基于刻板印象和性别的批评	例:我不太赞成您在这个问题上的看法	例:我不同意您; 您这是典型男性的想法
提供可观察到的例子,不要作出评断	—	—
反馈要特定明确,过多地向人灌输信息只会使人感到压力和迷惑	—	—
注意身体语言:身体语言往往比口头语言作用更引人注意	—	—
接收反馈	**适宜**	**不适宜**
注意聆听:试着听别人的发言同时关注其身体语言	例:我是这样理解的……	例:对不起,你错了。我不同意
确保你理解对方的发言:通过发问来澄清或者要求对方举例	—	—
不一定要马上给出回答:听清楚对方在说什么	—	—
坚定但不要固执己见:在完全了解对方的观点后清晰、冷静地鉴别	—	—

2. 给出和接收反馈小贴士①

(1)使用第一人称。像“我觉得……”或者“我关于……的想法”这样的说法表明个人对其给出的反馈负责,而不是代表他人发言。

(2)反馈要特定而明确。像“当你这么说,我……”或者“你关于……的想法”专注于特定的行为或表述。避免一般性的评论如“你一直……”或者“你总是……”

(3)挑战想法或行动而不是挑战人。注意力放在某人说话的声调或者是否流利上毫无意义。专注于个人可以改变的行动或行为上(前提是他们也同意这种改变是有用的)。

---

① Arnold, R., et al (1991). Educating for a Change. Toronto: Between the Lines.

(4)综合地认知应对挑战的有效方式从而获得改善。再一次强调:尽可能地特定和明确。例如,如果一个人在演讲的某个部分显得很啰唆,但在另一个部分因生动活泼而吸引人们的注意力,则可以将这积极的一面作为一种特定的语调、策略和风格典范。

(5)通过发问来澄清或探寻原因。像"你做……决定时考虑了哪些因素?"或"当你说……你的意思是什么?"这样的问题将选择与判断权归于被提问的人。这种问题也可避免与主题无关的批评与建议。

(6)建立联系纽带。你向参与者给出批判性的反馈时,提醒他/她你们的共同之处。像"我知道当我们做×时我们是要……"这样的表述提醒他人你与其站在同一边。有时这种联系纽带也可能是承认差异的存在,例如,"作为一个男性,我的经验有一点不同,但是……"

(7)承认你遇到的问题。人们从成功经验和失败教训中所能学到的一样多,所以分享你遇到类似问题的经历是很有帮助的。像"我遇到过同样的问题"或者"这个问题值得我/我们注意是因为……"这样的表述强调这不仅仅是你作为一个培训协调人的学术经验。

(8)尽可能提出可供选择的方法作为建议。像"你有没有考虑过……"或"如果你试试……会怎样?"这样的问题为各种可能的不同回应留出了空间。使用"我们"表明这个问题及其解决关乎整组的利益。鼓励他人提供不同选择。这使我们明确不仅仅只有一个解决方案。

(9)不要假定差异是政治性的。看看冲突是否基于不同的经历、社会身份或组织中的不同角色。这可以帮助澄清:辩论可以在多大程度上改变一个人的看法以及确定某个看法对某个人的自我形象有多么重要。

(三)翻页挂图的妙用(Flipcharting)①

翻页挂图又叫新闻纸(newsprint),是协作者(facilitator)和参与者的必要工具。这甚至被认为是培训者的三项主要工具(翻页挂图、记号笔,胶带)之一。

翻页挂图的用途:

(1)记录小组讨论和陈述信息。

(2)通过向参与者提供在全组面前展示其工作的机会来鼓励参与。

① Julius E. Eitington, *The Winning Trainer*, 3rd Ed, Houston: Texas, Gulf Publishing Company.

(3)用于展示在整个培训过程中都需要涉及的信息,如关键术语、概念和项目目标。

(4)记录进程。通过主持人依序张贴挂图,每个人都能看到培训的进展信息。

(5)展示主持人在培训前准备好的信息。(这一功能要审慎使用,因为在这种情况下翻页挂图变成了一种教导式的而非参与式的工具)

(四)塑像剧场技巧(Live Storyboard)[①]

塑像剧场是由一系列的三帧为一组的"静止动作"组成。它不用文字、声音和动作讲述故事,而是依靠视觉演绎,通过塑像般的展示和静态来讲述故事。这一技巧由大众教育剧场发展而来。它非常有效地替代了言语的交流,是讲述故事的有力技巧。

塑像剧场既对孩子和年轻人,也对成年学习者有好的效果。由这种大众教育的形式发展而来的技巧被用于满足多样的学习需求,并作为一种帮助人们分析和解决社区问题的工具。

(五)拼图式学习(Jigsaw Learning)[②]

这一技巧是指在同一个主题下,让参加者独立或者用小组的形式评阅不同来源的不同信息。这就像拼图一样,目的是使分散的信息组合起来,创造出在这一主题下包含所有可用信息的一幅完整图画。

拼图式技巧的优点有:

(1)大量的信息可以在短时间内展示出来。

(2)能够使用不同的媒介。比如,信息可以以简短文字、视频剪辑、报纸上的文章、电台节目的音频剪辑等方式展示。

(3)对使用第二语言的人尤其有帮助。

(4)允许从不同视角展示和讨论。

(5)鼓励以要点为中心读和听。

(6)提供与他人交流重要观点及整合信息的练习。

---

① Reid A. Bates,"Popular Theater: A Useful Process for Adult Educators",*Adult Education Quarterly*, Vol. 46, No. 4, 1996, pp. 224-236.

② US Department of Education, University of Oregon, "Training Methods for Adult Learners", Available from http://interact.uoregon.edu/wrrc/IEP/Methods.htm.

（六）模拟（Simulations）[①]

模拟是对现实生活情境的扮演。模拟让学习者在“真实”的情境中解决问题、作出决策，而不用担心这些决策可能造成的后果。在这个过程中，学习者还可以在日常生活的情境下运用所学知识，锻炼技能，检验态度。

想象力对模拟训练的成功至关重要。当参与者知晓了模拟的大致信息后，培训者必须让参与者自己发挥想象力来创造相关的情境。参与者应该仔细研究自己的角色，然而，他们也应该为角色创造一个身份。

模拟的缺点之一是需要耗费大量时间来为之做准备。因为参与者被要求设定一个角色，这个角色需要被清晰、具体地描述，准备相关的情境也需要大量的背景知识。

---

① Hood, P.（1997）Simulation as a tool in education research and development. EdTalk：US.

第六章 准备培训资料和会场安排

培训前,协作者们需要一场至少半天的碰头筹备会,顺一遍所有的流程和方法,预想可能出现的问题。协作者明白其他协作者的流程,可以在现场相互提醒,避免遗漏了某个环节。对于经验不是那么丰富的协作者,这个环节尤其重要。

本培训适合15~30人规模,需要1~2名有经验的律师,以及至少2名协作者。此外,协作者要通过主办方介绍或前测问卷,对参会者的经验、背景有大概了解。另请参见第五章中的"二、协作技巧总结"部分。[①]

在培训前要准备的资料和文具至少应包括:

(1)印制阅读材料(包含在培训手册中),可提前下发给学员。

(2)印制现场下发的情景案例材料以及前后测问卷(请见本手册附件)。

(3)参与式活动文具:大白纸(A1大小)、马克笔(几种颜色)、纸胶带,白板及白板笔,各种便笺纸、小贴纸,姓名贴,剪刀,A4白纸等。

(4)如果阅读资料较多或者有视频参考资料,可以事先准备U盘分享给学员。

在布置会场方面,要参照分组安排摆设桌椅,调试投影仪和话筒;如有全程录像以供推广传播之需要,应预备、调试多个摄影机位。(如图6-1、图6-2所示)

---

① 以及可以参见UNODC,*Training curriculum on Women and Imprisonment* Version 1.0,第4~5页。

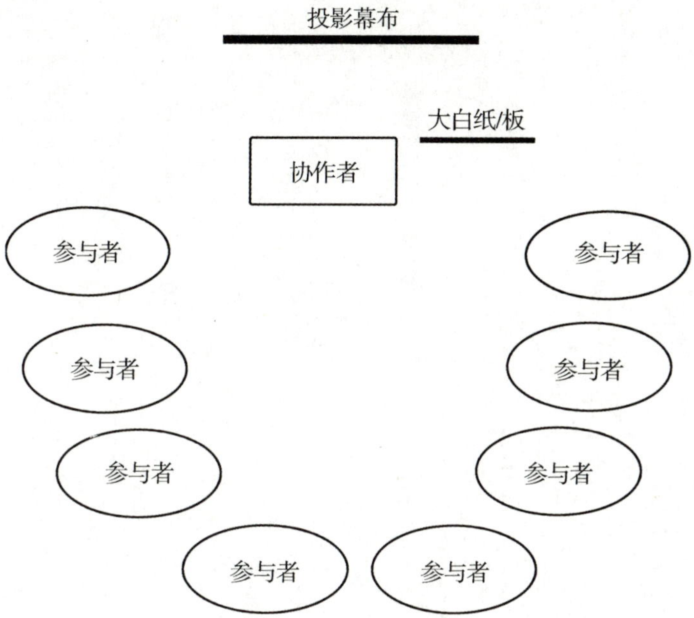

图 6－1　人数较少时的座位安排参考(环型)

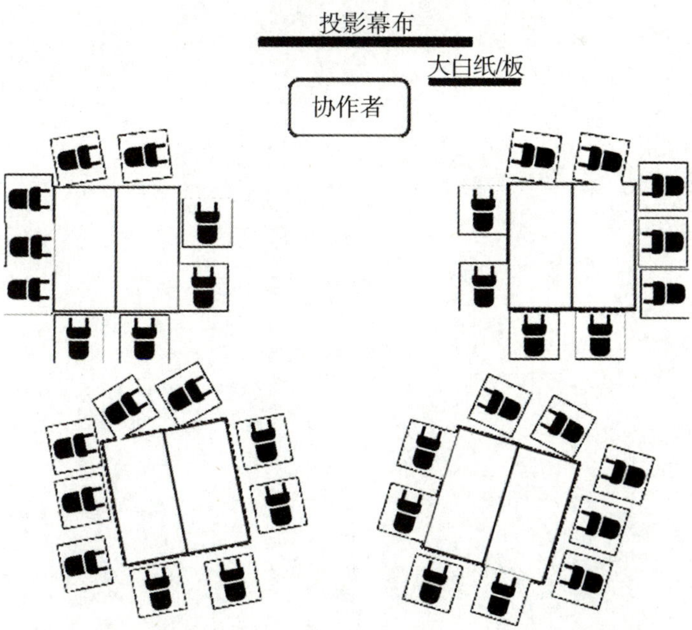

图 6－2　人数较多时的座位安排参考(岛屿式)(可以适当旋转桌椅方向,让每个参与者都面向协作者)

模块三

值班律师培训实施

第七章　培训日程表(附各环节目标及步骤指引)

本章所示培训日程表,列出了2天培训各个环节的议题、目标、步骤方法,以及给协作人的提示。在培训中,这个日程表仅供培训者使用,不必印发给学员,避免信息太多导致干扰。

此外,对于整体流程安排,有2点需要着重提示:

第一,所有环节的流程顺序有其逻辑。第一天,首先是开场、自我介绍、营造参与氛围,而后把犯罪嫌疑人应有的(不是实有的)权利作为全部讨论的中心点和出发点。接下来讨论各利益相关方对刑事早期阶段通过法律援助来保护犯罪嫌疑人权利的看法,带出整体图景。对比犯罪嫌疑人应有的权利,以及各方现实的看法和做法,凸显落差及问题。再通过专家介绍“公正审判、有效辩护和值班律师制度”来破题。紧接着进入实际演练,值班律师如何为被羁押人提供咨询?第二天,继续深入,专门就认罪认罚程序中的值班律师角色进行介绍和演练。这2个环节连在一起,需要花费半天时间。第二天下午,着重强调对特别脆弱人群的保护,并强化演练技能;以及查漏补缺,拎出来前面环节中出现、遗留的重大疑难困惑,和/或讨论中尚未触及但又很重要的议题,进行专门讨论。这两个环节可以酌情互换时段或者增删。因此,如果培训者因时因地制宜,调整各个环节的顺序,需要考虑这背后的逻辑,是否能梳理为一套新的逻辑。

第二,尽管看起来每个环节可讨论的话题不少,参与者的各种想法很多,协作步骤看起来也很多,但培训者一定要把握重点,让每个环节主题鲜明、流程紧凑、讨论聚焦。一个环节有一个重点就够了。就好像吃西餐一样,一顿饭有一道主菜即可,其他是点缀和搭配。否则参与者会觉得“太撑”,消化不了;或者太乱,浮光掠影没有深刻印象。此外,参会者在现场的能量状态难免起伏,如果进入关键活动的“前奏”太短,能量可能还没调动起来;太长,比如过长的环节介绍和分组安排,则可能让能量在活动中提前回落。这需要培训者铭记重点,灵活把握节奏,适当调整开启或结束某个步骤的时间,在收放自如、行云流水间为参与者奉上一道难忘的“大餐”。

表7-1 第一天日程表

时间	项　目	内　容
9:00~9:30	开场白:填写前测问卷,介绍培训目标和参会者,达成共识	本环节目标: (1)参会者互相认识,对活动有初步认识; (2)营造一个平等、轻松、开放的活动氛围。 协作人: (1)协作人介绍自己,介绍会议目标和流程。(5分钟) (2)参会者起立,两两结对(强调是之前不认识的),互相访谈,3个要点(事先写在大白纸上),姓名、机构和关于刑事早期阶段法律服务的经验、故事或印象。(5分钟) (3)参会者相互介绍同伴。(15分钟) 提示与说明:考虑到参与式活动中的同伴教育效果,这种破冰特别重要。协作者在之后的发言环节,尽可能向所有人提示、重复每个发言人或汇报人的名字,让所有人逐渐相互认识。 (4)协作人邀请大家遵守写在大白纸上的会议规则:守时、开放、平等、分享、不玩手机等(5分钟)
9:31~10:30	情景导入:如果……我需要哪些权利?	本环节目标: (1)在观念层面,请参会者设身处地、出于常理常情关注被羁押人的权利。这是2天讨论的出发点。 (2)在知识层面,参会者认识到这些权利可能是最低限度的、普遍的,亦即国际人权标准所公认的,也是国内制度所切实保障的。 协作人: (1)给出情景,提示案件不是发生在中国、自己完全不知道白色粉末哪里来的,尽量设想完整的过程(单独印发);(5分钟) (2)大组或分小组(每组4~5人)讨论;给每人便利贴和马克笔,让其写下2~3个关键词;(10~15分钟) (3)所有人贴出关键词;(10分钟) (4)协作人归类关键词、总结。(15~30分钟) 提示与说明: ①应重点考虑半夜(休息)、食物,警车、警服、执法人员身份,合法地点,告知羁押理由,语言,扣押物品,联络家人朋友及使馆,取保候审,单独关押,女性,体检,等等; ②可结合国内制度及参会者实践经验,加深理解
10:31~10:45	茶歇	

续表

时间	项　目	内　容
10:46～12:00	世界咖啡馆：刑事早期阶段法律援助的内容和意义	本环节目标： (1)在观念层面，从被羁押人权利出发，进一步意识到刑事法律援助不仅仅是律师在审判阶段的事情，而且是包括多部门、全阶段的工作； (2)在知识层面，认识到刑事诉讼中不同部门、不同环节对应刑事法律援助的权利、义务内容； (3)在技能层面，初步提出可能碰到的实务问题。 协作人： (1)协作人用大白纸图示介绍，开设5个主题咖啡馆（并确定馆长）："被羁押人及其家属""公安机关（包括侦查和法制部门）""检察院（包括公诉和刑事执行监督部门）""看守所（包括公安监所管理部门）""法院"。(5分钟) 提示与说明：另外可结合实际，考虑是否要设立"司法局、法援中心"这个议题。 (2)馆长主持讨论各主题下刑事早期阶段法律援助的内容和意义，其他人漫游这5个咖啡馆，每8分钟为一轮。(40分钟) (3)馆长汇报。(20分钟) 提示与说明：馆长在不断向新来的组员介绍的过程中，其总结会更加凝炼。协作人可巡视、在必要时短暂介入各小组讨论，协助馆长澄清、梳理写在大白纸上的要点。 (4)协作人总结归纳、回应各组发言。(10分钟) 提示与说明：不同实务部门或利益相关方对于被羁押人权利的理解和认可度可能不同，对刑事早期阶段法律援助的认可度也不同，协作人要能引导大家综合理解实践，并强调本次培训的核心价值取向在于依法保障被羁押人的权利
12:01～14:00	午餐	
14:01～14:15	能量游戏	本环节目标：以简明方便的形式，调动参会者运用不同的感官（本活动可能无法让听力障碍者参与）；让参会者从午休中清醒过来。 方法与步骤：以"听雨"为例，参会者起立，闭眼，协作人指示，要听声音，并跟随发出此声音；协作人依次打出不同的声音，打响指（小雨）、拍手掌（中雨）、拍手臂（大雨）、跺脚（雷声）、拍手掌、打响指，以模拟雨声渐渐增大而后消歇的情景

续表

时间	项　目	内　容
14:16～15:15	公正审判、有效辩护要求与值班律师的角色	本环节目标： (1)在观念层面，意识到刑事法律援助与公正审判、有效辩护密切相关； (2)在知识层面，了解联合国及司法部相关具体规定和指引； (3)在技能层面，知晓值班律师的具体角色和常用技能。 协作人： (1)看一段相关视频(比如《我的堂兄维尼》或《吉迪恩的号角》)。(10分钟) (2)协作人用PPT介绍联合国、司法部相关指南、政策，尽量简短。(20分钟) (3)协作人出示、介绍事先准备的讨论框架(大白纸)。(5分钟) 提示与说明：如果参会者缺乏相关实务经验，这个讨论在小组内可能比较难以推动，建议均匀分配有经验的律师到各小组。 (4)分组讨论，比较联合国规定和国内规定的异同，每组使用同一个框架在大白纸上记录。(15分钟) (5)小组汇报(10分钟)
15:16～15:30	茶歇	
15:31～17:00	演练刑事早期阶段值班律师为被羁押人提供咨询的技巧	本环节目标： (1)在观念层面，意识到在刑事早期阶段，值班律师仍大有可为； (2)在知识层面，了解为了保障被羁押人各项权利，律师可以做什么； (3)在技能层面，学会如何提供有效的早期法律咨询。 协作人： (1)协作人用大白纸介绍环节，并分3组(被羁押人、值班律师、观察员)。(5分钟) 提示与说明：可基于参会者举手自愿选出被羁押人、值班律师角色，余下的都是观察员。 (2)每一类角色扮演者集中就座，发放资料，讨论自己的角色。(10分钟) (3)小组演练：每组1名被羁押人角色，2名援助律师角色，1～2名观察员角色；观察员只旁观，不介入律师与被羁押人谈话。(30分钟) 提示与说明：角色座位安排会影响到进入情景的程度，建议尽量模拟真实会见的场景，比如安排律师先就座，管教干警押送被羁押人到会见室等。 (4)下发其他资料，揭示全部角色扮演信息；各小组内部讨论总结，观察员与小组成员分享自己的感想。(15分钟) (5)小组汇报：每组的被羁押人、1名援助律师，1名观察员发表感想。(30分钟) 提示与说明： ①协作者预先熟悉讨论要点，以在演练后补充提问； ②协作者提醒扮演当事人的学员，不要将给定资料上的案情“和盘托出”，而是尽可能以普通人情理之中的表述方式来与律师交流； ③可预先邀请比较资深的参会者就值班律师咨询要点给出反馈； ④小组汇报和小组内讨论同样重要，小组汇报时避免重复、不要太长，否则听众会疲惫走神； ⑤注意在总结中指出值班律师工作与辩护律师工作的异同点

续表

时间	项 目	内 容
17:01~17:15	当日回顾与总结	本环节目标: (1)通过回顾,提纲挈领,总结要点,强化一天的学习效果; (2)布置第二天关于认罪认罚的阅读材料。 协作人: (1)可选方法:参会者站成一圈,协作人将小球抛给首位分享者,其再抛给下一位分享者,到参会者提不出新的要点时结束;或每一位分享者点名下一位,以强化相互认识。 (2)协作者起头的方法(补充句子)包括:我今天学到的是……我觉得最有意思的是……最让我惊喜/印象深刻的是……对我来说……是新的;我想更多了解的是……

表7-2 第二天日程表

时间	项 目	内 容
9:00~9:10	回顾第一天	本环节目标:在不断重复、回想、分享过程中,加深参会者对培训要点的印象,以及相互认识; (1)结合墙上的大白纸记录,快速过一遍第一天的流程;请大家想一想、写下2~3个关键词,总结昨天的收获,可以提示按照时间、流程顺序,也可以分为观念、知识、技能等,越具体越好。 (2)场地允许,尽量站成一圈(考虑到肢体障碍人士的便利),便于互相看到;邀请一些人分享自己的关键词;协作者注意说出每个分享者的名字,并鼓励分享者点名下一个分享者;不用所有人都分享,基本覆盖第一天要点即可
9:11~10:15	介绍认罪认罚从宽程序中的值班律师角色	本环节目标: (1)在观念层面,意识到认罪认罚程序中值班律师的意义; (2)在知识层面,了解认罪认罚当事人的基本权利如何保障; (3)在技能层面,知晓值班律师在认罪认罚程序中的角色。 协作人: (1)分4组讨论值班律师在认罪认罚试点中的作用,发放/指定阅读不同案例材料(参考司法部发布的案例)。(20分钟) 提示与说明:确保每个小组有1~2名有经验的律师;可以先邀请举手确定有经验的小组召集人,然后报数均匀分组;对于第二天上午的活动重新分组很重要,避免大家始终坐在自己熟悉的人旁边。 (2)小组汇报。(15分钟) 提示与说明:在小组汇报时可指定组内比较资浅的参与者发言,以进一步强化其所学。 (3)邀请有经验的2位律师分享参与认罪认罚程序的经验,回应各小组的问题。(20分钟)

续表

时间	项　目	内　容
		提示与说明： ①在第3步，参与者实际上也有可能就值班律师角色提出问题和反思，而不只是总结成熟经验，需要协作人预先熟悉相关资料，予以回应，并预告下一个同主题演练环节； ②如果大多数参与者缺乏经验，可以考虑把第3步调整到第1步，以奠定讨论基础
10:16～10:30	茶歇	
10:31～12:00	演练认罪认罚从宽程序中的值班律师角色	本环节目标： (1)在观念层面，意识到认罪认罚程序中值班律师的意义； (2)在知识层面，了解认罪认罚当事人的基本权利如何保障； (3)在技能层面，学会值班律师在认罪认罚程序中的角色。 协作人： (1)协作人用大白纸介绍环节，并分3组（被羁押人、值班律师、检察官）；先选出犯罪嫌疑人，然后剩下的人发给检察官、律师角色。（5分钟） (2)每一类角色集中讨论自己的角色；在每组讨论中，协作者给予适当提示。（10分钟） (3)进入4个小组演练；每组1名被羁押人角色，2名值班律师角色，1名检察官角色。（30分钟） 提示与说明： ①角色座位安排可能会影响到进入情景的程度。 ②演练要点：如何引导犯罪嫌疑人阐述完整的案件事实情况；根据事实，尽量寻找影响量刑的关键情节。 ③协作者提醒扮演当事人的学员，不要将给定资料上的案情"和盘托出"，而是尽可能以普通人情理之中的表述方式来与律师交流。 ④小组内讨论和小组汇报同样重要；小组汇报时避免重复、不要太长，否则听众会疲惫走神。 ⑤揭示参考结果："张某（智力残障）案"由真实案例改编，律师认为不构成抢劫罪，张某的行为应按照治安处罚处理。最终在审查起诉阶段，律师积极工作，协助获得被害人谅解书，检察院不予起诉，张某无罪释放。 (4)下发其他资料，揭示全部角色扮演信息；各小组内部讨论总结。（10～15分钟） (5)小组汇报；每组的被羁押人、1名援助律师，1名检察官发表感想。（30分钟） 提示与说明：协作人仍然需要基于自己的预先阅读和实务经验，总结各组分享中积极的、相通的、可借鉴的部分，厘清值班律师应该做也能够做的工作，避免让参与者最后陷入困惑

续表

时间	项　目	内　容
12:01~14:00	午餐	
14:01~15:15	值班律师处理各种挑战的参考框架:国际标准与国内良好实践	提示与说明:下午可以加一个5分钟左右的简单热身游戏开场,比如按照出生月日或籍贯纬度来排序站队,但不准说话或使用文字交流。 本环节目标: (1)在观念层面,意识到值班律师保持专业性和独立性很重要; (2)在知识层面,了解现行法律政策框架下值班律师可能面临的实际挑战,以及可以参照哪些标准和做法来应对这些挑战; (3)在技能层面,知晓同行经验,学习如何应对这些挑战。 协作人: (1)协作人基于前1.5天的讨论,在大白纸上列出讨论要点,大家贴标签(如每人3票)投票选出这个时段的议题。(10分钟) 提示与说明:备选讨论要点包括但不限于: ①做好记录,将咨询信息有效传递给未来的辩护律师; ②如何处理申诉; ③如何与办案部门有效沟通; ④如何提升自己的专业性与独立性。 (2)分3~4组讨论,每组邀请1名有经验的律师主持讨论。(25分钟) (3)指引准备(塑像剧live storyboard)呈现小组要点。(20分钟) 提示与说明:塑像剧方法生动有趣,但耗时间,1次只能呈现1个讨论要点,需要协作人充分引导、灵活把握,可请各组在表演后,附上简短口头说明。 (4)各小组呈现(15分钟)
15:16~15:30	茶歇	
15:31~17:00	演练有效识别并回应特别脆弱当事人的需求	本环节目标: (1)在观念层面,意识到应对特定当事人的弱势特质保持敏感,并反思如何平等对待; (2)在知识层面,了解不同类型脆弱当事人的特定需求及其法律保障; (3)在技能层面,学会如何有效回应这些特定需求。 协作人: (1)协作人用大白纸介绍环节,并分3组(被羁押人、值班律师、观察员);(5分钟) (2)每一类角色集中讨论自己的角色;(10分钟) (3)各组推选角色,组成1个小组公开演练(当事人是未成年人);(15分钟)

续表

时间	项　目	内　容
		(4)大组分享反馈意见。(15分钟) 提示与说明: ①协作人应该注意到,在强调当事人脆弱性的同时,不能强化对女性、[①]残障人等群体的刻板印象,不能说他们所处不利地位就是由于其个人"缺陷"导致的; ②要从所有人的平等权利和固有尊严出发,指出是外部环境中的障碍导致了不利处境,比如卫浴设施不方便、管理制度不够人性化等; ③小组内讨论和小组汇报同样重要;小组汇报时避免重复、不要太长,否则听众会疲惫走神。 (5)第二次组成1个小组公开演练或播放事先录制的演练视频(当事人是残障女性);(15分钟) (6)大组分享反馈意见;(15分钟) (7)协作人归纳总结;(15分钟) 提示与说明:协作人可提示参会者阅读参考资料中关于女性、未成年、残障当事人的工作指引,以在法律服务中制定自己的对照清单
17:01~17:30	总结、反馈与评估	本环节目标: (1)回顾、强化所学,点出每个人自己"学有所得""学以致用"的部分,并启发同伴; (2)收集口头和书面的反馈意见,评估培训效果。 协作人: (1)邀请所有参会者找到第一天上午自我介绍环节的同伴;结对回顾墙上的大白纸,互相轮流介绍要点;(10分钟) (2)邀请参会者围成一圈,依次(每个人指名下一个人)分享具体的收获;(15分钟) (3)填写反馈评估表(5分钟)

① 请特别参见《联合国女性囚犯待遇及女犯非监禁措施规则(曼谷规则)》;联合国毒品和犯罪问题办公室(UNODC):《妇女与监禁培训课程(第一版)》(Training curriculum on Women and Imprisonment Version 1.0),2015年,以及《妇女与监禁手册(第二版)》(Handbook on Women and Imprisonment)。2014年,后两个手册目前都只有英文版,可在联合国官网下载。

附:培训“可视化”协作成果及各环节要点提示

请协作者对照培训日程表,参考以下各个环节产出的“可视化”成果及演练要点提示。

第一(一)步:介绍会议目标和流程(见图7-1)

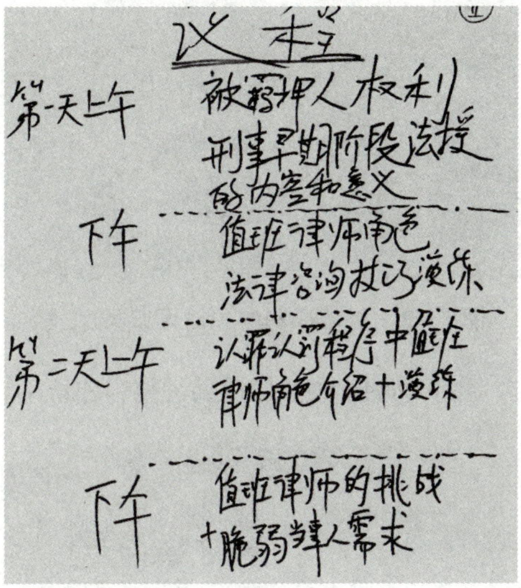

图7-1　会议议程(白板)

第一(二)步:邀请大家遵守写在大白纸上的会议规则(见图7-2)

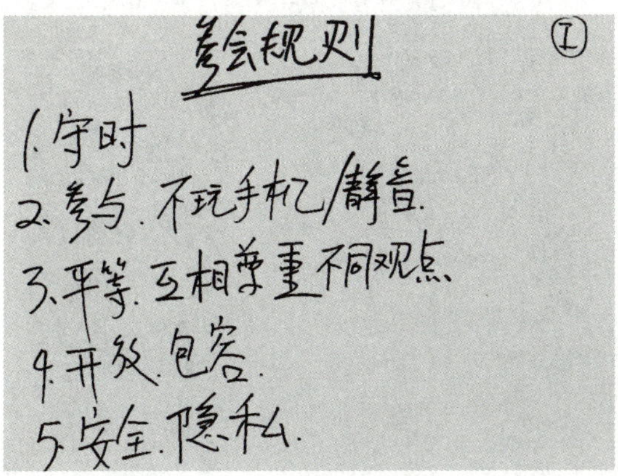

图7-2　参会规则(白纸)

第二步：如果……我需要哪些权利？（见图7－3）

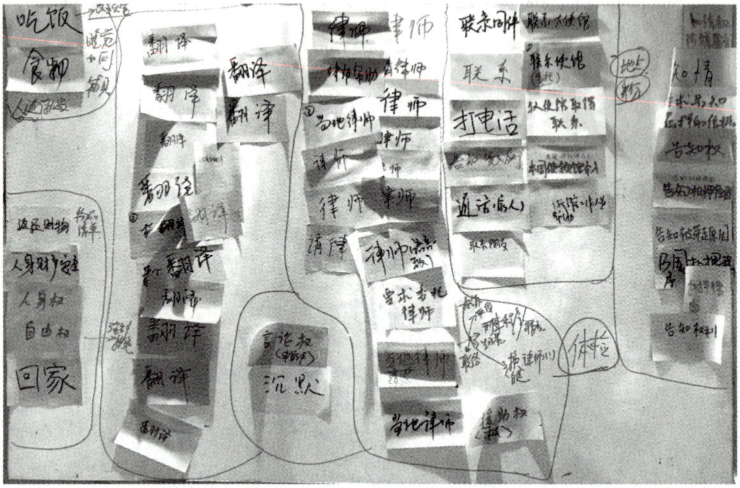

图7－3　所需权利的关键词归类、汇总

第三步：世界咖啡馆：刑事早期阶段法律援助的内容和意义（见图7－4～图7－8）

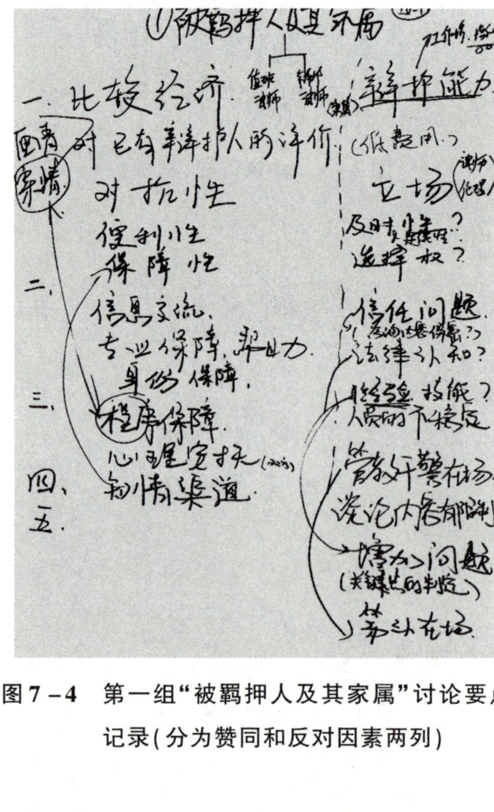

图7－4　第一组“被羁押人及其家属”讨论要点记录（分为赞同和反对因素两列）

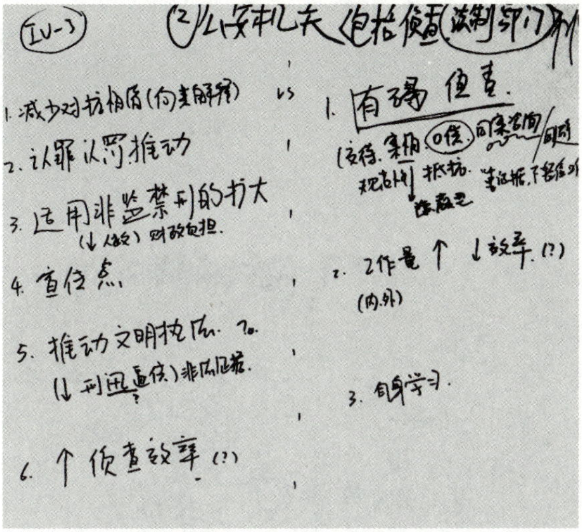

图7－5　第二组“公安机关(包括侦查、法制部门)”
讨论要点记录(分为赞同和反对因素两列)

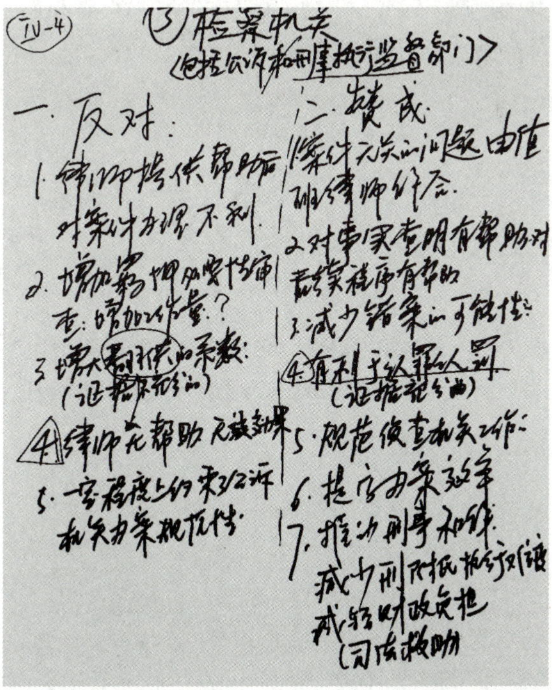

图7－6　第三组“检察机关(包括公诉、刑事执行监督部门)”
讨论要点记录(分为赞成和反对因素两列)

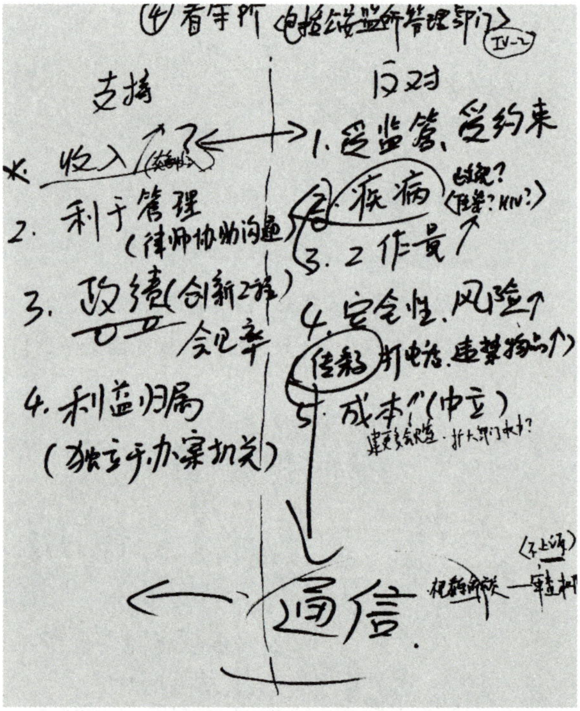

图 7－7　第四组“看守所（包括公安监所管理部门）”讨论要点记录（分为支持和反对因素两列）

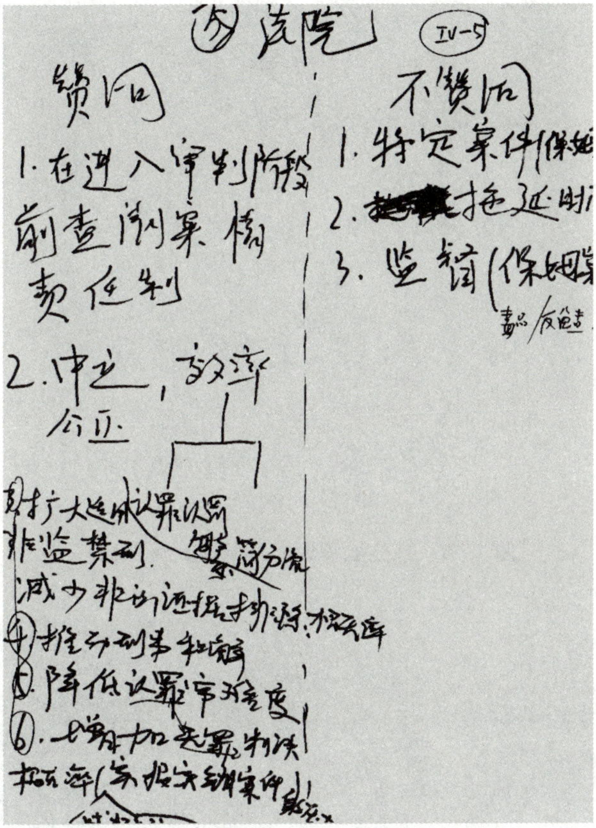

图7-8　第五组"法院"讨论要点记录

(分为支持和反对因素两列)

第四步:公正审判、有效辩护要求与值班律师的角色(略)

第五步：演练刑事早期阶段值班律师为被羁押人提供咨询的技巧（见图7－9、图7－10）

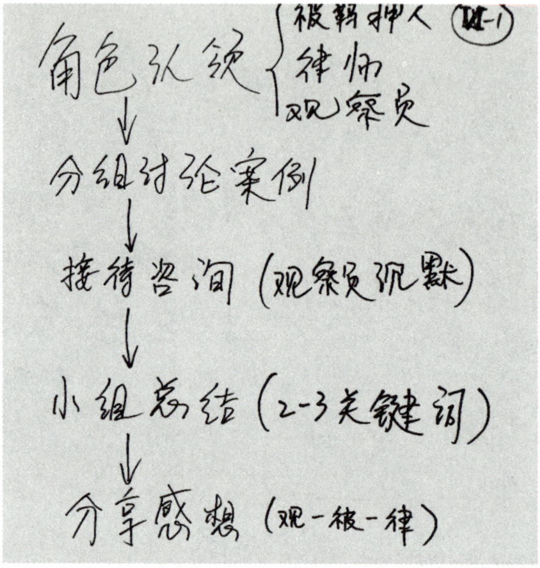

图7－9　预先流程说明（协作者、大白纸）

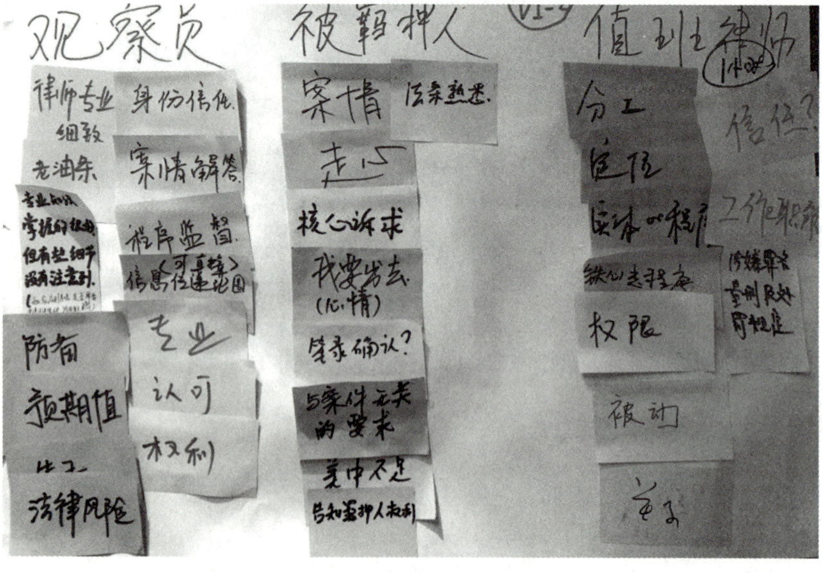

图7－10　各类角色代表分享汇报

第六步:介绍认罪认罚从宽程序中的值班律师角色(略)

第七步:演练认罪认罚从宽程序中的值班律师角色(参照第五步,略)

第八步:值班律师处理各种挑战的参考框架(略)

第九步:演练有效识别并回应特别脆弱当事人的需求(见图7-11)

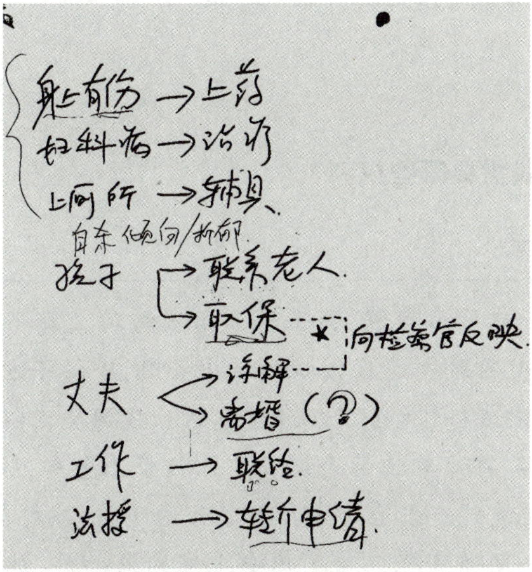

图7-11　协作者总结要点,给出反馈

第十步:总结、反馈与评估(见图7-12)

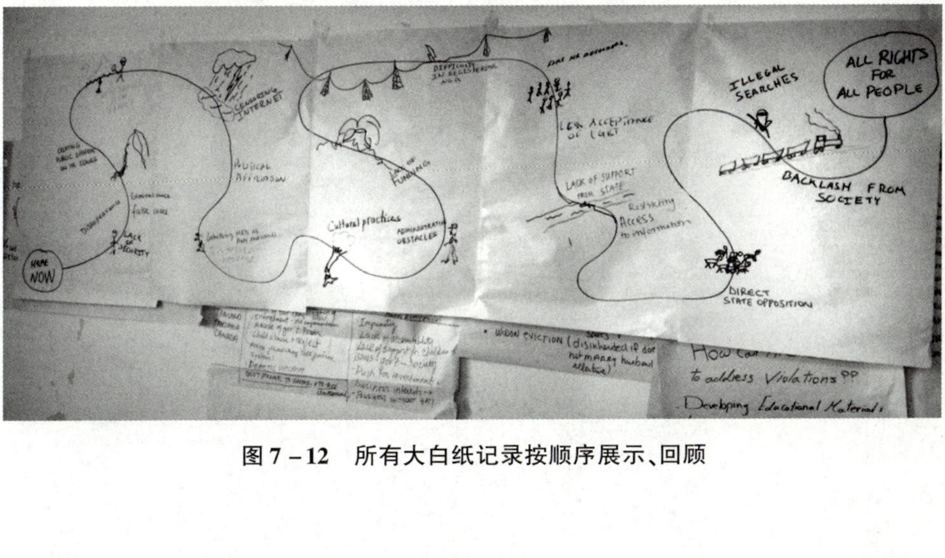

图7-12　所有大白纸记录按顺序展示、回顾

第八章　案例演练材料

一、如果……我需要哪些权利？

请设想以下场景：

> 你跟朋友们一起外出度假，去了数个国家游玩。某天晚上10时（当地时间）左右，你从A国到达了B国机场。出关时，B国警方反复检查你的行李，发现某些白色粉末（你完全不知道哪来的）；B国警方以当地语言进行简单的口头告知之后，将你单独带走调查。你被带上警车，驶离机场，大约30分钟后到达某一栋建筑。当地警方扣押了你的手机、钱包等随身物品，将你单独关押在其中一间监室里。除了你身上穿的衣物外，你的其他行李都落在了机场。

这时候（其他细节请自行想象补充），你觉得你应该受到何种待遇？需要哪些帮助或者要行使哪些权利？

二、演练刑事早期阶段值班律师为被羁押人提供咨询的技巧

(一)值班律师预先掌握的被羁押人信息(单独印发,其他细节请自行想象补充)

丁某,性别由扮演者决定,25岁左右,无固定职业。目前因涉嫌盗窃被羁押于某地看守所。

……………………………………裁…剪…线……………………………………

(二)被羁押人、观察员角色预先掌握的信息(单独印发,其他细节请自行想象补充)

案情进展	1. 丁某,性别由扮演者决定,25岁左右,无固定职业。目前因涉嫌盗窃被羁押于某地看守所。 2. 15天前,丁某因涉嫌参与一起团伙盗窃案件,在租住的房子里被警方带走。 3. 警方讯问笔录要点(据被羁押人丁某回忆):一个月前,丁某与几个朋友到本市一些住宅区踩点,合伙盗走电动车若干辆。据警方称,所有犯罪嫌疑人都已经抓捕归案并供认罪行。 4. 与管教干警谈话一次,没见过驻所检察官,也不知道可以见检察官。
犯罪嫌疑人身心状况	1. 近视700度,入所时眼镜被收走;有高血压,平时定期服药。 2. 很困惑。不知道下一步会怎样,要在看守所待多久。 3. 不知道律师有没有用。据自己了解,请律师至少要花好几千块钱。好像是要等到正式批捕(拘留37天)之后才能请律师。 4. 还没有跟家人联系过,不知道该不该请管教干警跟家里人联系。家中有父母,1个弟弟,都在本省另外一个小城市。父母务农,弟弟在小城市上班。父母都没离开过那个小城市。

三、演练认罪认罚从宽程序中的值班律师角色

(一)值班律师预先掌握的被羁押人信息(单独印发,其他细节请自行想象补充)

张某,性别由扮演者决定,35 岁,未婚,无业。因涉嫌抢劫被公安机关采取刑事强制措施,羁押于某看守所。现案件已经移送审查起诉,检察官已经提讯张某,正在尝试启动认罪认罚从宽程序。值班律师没有阅卷,仅了解张某的基本信息和罪名,但在沟通过程中明显感到张某智力有些低下。

……………………………………裁…剪…线……………………………………

(二)被羁押人预先掌握的信息(单独印发,其他细节请自行想象补充)

案情进展	1. 张某,性别由扮演者决定,35 岁,未婚,无业。因涉嫌抢劫被公安机关采取刑事强制措施,羁押于某看守所。现案件已经移送审查起诉,检察官已经提讯张某,正在尝试启动认罪认罚从宽程序。 2. 张某从小智力比较低下,没有稳定工作,曾因寻衅滋事受到过刑事处罚。 3. 三个多月前的一天晚上,张某喝完酒在回家的路上,碰到受害人王某(女,餐厅工作人员)正向路边停靠的车辆上插放宣传广告。张某看到后,借酒劲走向王某,将她拉到黑暗处,大声喊:“把值钱的东西给我”,王某将自己的手机扔给张某后便跑开了,后拨打“110”报警。3 天后,警察将张某抓获。
犯罪嫌疑人身心状况	1. 张某不知道什么是抢劫罪,也不知道什么是认罪认罚,检察官说认罪认罚可以减轻刑罚,张某就同意了。 2. 张某不知道在认罪认罚程序中应当做什么,检察官让自己在认罪认罚决定书上签字,张某认为反正自己什么也不懂,觉得检察官都说了可以减刑,就放心签了字。 3. 张某认为值班律师是检察院聘请的,是检察院的人。

（三）检察官预先掌握的信息（单独印发，其他细节请自行想象补充）

1. 张某，男，35 岁，未婚，无业。因涉嫌抢劫被公安机关采取刑事强制措施，羁押于某看守所。现案件已经移送审查起诉，检察官已经提讯张某，正在尝试启动认罪认罚从宽程序。

2. 本案是本院副检察长批捕。

3. 张某，从小智力比较低下，没有稳定工作，曾因寻衅滋事受到过刑事处罚。

4. 三个多月前的一天晚上，张某喝完酒在回家的路上，碰到受害人王某（女，餐厅工作人员）正向路边停靠的车辆上插放宣传广告。张某看到后，借酒劲走向王某，大声喊："把值钱的东西给我"，王某将自己的手机扔给张某后便跑开了，后拨打"110"报警。3 天后，警察将张某抓获。

5. 前述案情有监控录像作证。

6. 经鉴定，张某为智力边缘人，但具备完全刑事责任能力。

7. 受害人王某在向公安机关进行陈述时，表示张某只是向她喊叫，没有其他暴力行为。她因为闻到张某身上的酒气，加上是半夜，特别害怕，扔下手机就跑开了。后经鉴定，该手机的价值为 900 元。

8. 张某愿意赔偿受害人。

四、演练有效识别并回应特别脆弱当事人的需求

(一)演练案例1①

1. 值班律师预先掌握的被羁押人信息(单独印发,其他细节请自行想象补充)

文某是未成年人,涉嫌团伙抢劫,目前处于被羁押中,侦查阶段。

……………………………………裁…剪…线……………………………………

2. 被羁押人(扮演文某)、观察员角色预先掌握的信息(单独印发,其他细节请自行想象补充)

案情进展	(1)2017年10月4日凌晨4时许,文某(未成年人,男性)与小林、小辉、小晋(另案处理)经事先共谋,由文某负责望风,小林、小辉、小晋蒙面窜入F市鼓楼区某便利店,持砍刀、菜刀威胁店员,抢走收银台抽屉内的人民币1400余元、货柜上的两包硬中华香烟及一些零食,后逃离现场。 (2)10月12日,文某在父母的陪同下,主动到公安机关投案,并退赔了该店的经济损失2500元。 (3)目前处于被羁押中,被告知涉嫌团伙抢劫。听说是要移送到检察院了。
犯罪嫌疑人身心状况	(1)不知道同案中的其他人会怎样说自己的事情。 (2)不知道接下来程序会怎样。 (3)不知道对自己以后的生活有何影响。

① 案例来源:《中国法律援助》2014年第6期,第53页。

（二）演练案例 2

1. 值班律师预先掌握的被羁押人信息（单独印发，其他细节请自行想象补充）

赵某，女，汉族，35 岁，已婚，大专学历，办公室职员，有残障。目前因涉嫌故意伤害（重伤丈夫）被羁押于某地市看守所。审查起诉阶段。

………………………………裁…剪…线………………………………

2. 被羁押人角色（赵某）、观察员预先掌握的信息（单独印发，其他细节请自行想象补充）

案情进展	（1）2017 年 9 月 1 日，赵某被警方从伤人现场带走。 （2）讯问获得的部分信息：赵某与丈夫陆某婚后感情不和。陆某经常打骂赵某，赵某曾经在某次遭受家庭暴力之后到派出所报案。后经调解处理。2017 年 8 月 31 日，两人为小孩上学的事情发生争执，而后赵某遭到陆某持续殴打。2017 年 9 月 1 日凌晨，赵某持刀刺伤醉酒昏睡中的陆某。后为邻居发现报警。 （3）与管教干警、检察官各谈话一次，均在 10 分钟左右。
犯罪嫌疑人身心状况	（1）赵某，女，汉族，35 岁，已婚，大专学历，办公室职员。 （2）右下肢有残障，行动不便，上厕所不方便。 （3）女性生理期有些不方便，需要妇科检查和相应治疗。 （4）很困惑。不知道下一步会怎样，要在看守所待多久；不知道陆某伤情如何；自己的事情严不严重，会不会判刑。 （5）不知道律师有没有用。据自己了解，请律师至少要花好几千块钱。如果没什么用，就不花这个冤枉钱了。 （6）没有家人可以联系。担心自己上小学一年级的小孩没人照顾，不知道最近过得怎样。

附1:《认罪认罚从宽制度告知书》参考模板

××区人民检察院

认罪认罚从宽制度告知书

一、符合《中华人民共和国刑事诉讼法》第十五条规定的,可以适用认罪认罚从宽制度。

二、适用认罪认罚从宽制度,犯罪嫌疑人、被告人应当书面签署本《认罪认罚从宽制度告知书》及《认罪认罚具结书》。该《认罪认罚具结书》应经辩护人或值班律师签字确认,方为有效。

三、《认罪认罚具结书》载明:犯罪嫌疑人基本信息、认罪认罚情况、被指控的罪名及适用的条款、检察机关对犯罪嫌疑人拟提出的从轻、减轻或者免除处罚等从宽处罚的建议;认罪认罚后案件审理适用的程序及其他需要听取意见的情形。

四、检察机关根据犯罪嫌疑人、被告人的犯罪情节、认罪情形拟出量刑建议。犯罪嫌疑人、被告人如有其他法定、酌定从轻、减轻处罚情节,应适当调整量刑幅度。具体量刑幅度,犯罪嫌疑人、被告人或其辩护人/值班律师可以向检察机关提出意见。

五、犯罪嫌疑人、被告人签署《认罪认罚具结书》后,人民法院一般将直接依据《认罪认罚具结书》及相应《起诉书》载明的内容认定其犯罪事实,且人民法院对人民检察院作出的量刑建议一般应予采纳。

六、《认罪认罚具结书》签署后,犯罪嫌疑人、被告人可以要求撤回,但应书面向办案机关提出申请,并说明理由,人民检察院将重新作出量刑建议。

犯罪嫌疑人、被告人未提出书面撤回申请,但对《认罪认罚具结书》确认的《起诉书》载明的主要犯罪事实、罪名和认罪表述提出异议或变更的,视为撤回《认罪认罚具结书》。

七、犯罪嫌疑人、被告人撤回《认罪认罚具结书》,犯罪嫌疑人、被告人已签署过的《认罪认罚具结书》不能作为本人认罪认罚的依据,但仍可能作为其曾作有罪供述的证据,由人民法院结合其他证据对本案事实进行认定。

八、犯罪嫌疑人、被告人撤回《认罪认罚具结书》后,经人民检察院同意重新签署《认罪认罚具结书》的，人民检察院应基于新签署的《认罪认罚具结书》重新作出量刑建议；犯罪嫌疑人、被告人撤回《认罪认罚具结书》，后又重新确认该《认罪认罚具结书》内容的，仍应重新签署《认罪认罚具结书》。

九、经协商，犯罪嫌疑人、被告人如不同意检察机关的量刑建议，有权不签署《认罪认罚具结书》，不适用本制度。

本人已阅读并完全理解上述《认罪认罚从宽制度告知书》，并由本人签署后附卷留存。

签名：

年　月　日

附 2:《认罪认罚具结书》参考模板

认罪认罚具结书

一、犯罪嫌疑人身份信息

本人姓名______,性别______,民族______,出生日期______年______月______日,身份证号码______,身份证住址______。

二、权利知悉

本人已阅读《认罪认罚从宽制度告知书》,且理解并接受其全部内容,本人______自愿适用认罪认罚从宽制度,同意适用速裁程序/简易程序/普通程序。

三、认罪认罚内容

本人______知悉并认可如下内容:

1. ______人民检察院指控本人______的犯罪事实,构成犯罪。

2. ______人民检察院提出的______量刑建议。

3. 本案适用速裁程序/简易程序/普通程序。

四、自愿签署声明

本人学历______,可以阅读和理解汉语(**若不能阅读和理解汉语,已获得翻译服务,且通过翻译可以完全清楚理解本文内容**)。

本人就第三款的内容已经获得辩护人/值班律师的法律援助并听取法律意见,知悉认罪认罚可能导致的法律后果。

本《认罪认罚具结书》,是本人在知情和自愿的情况下签署,未受任何暴力、威胁或任何其他形式的非法影响,亦未受任何可能损害本人理解力和判断力的毒品、药物或酒精物质的影响,除了本《认罪认罚具结书》载明的内容,本人没有获得其他任何关于案件处理的承诺。

本人已阅读、理解并认可本《认罪认罚具结书》的每一项内容,上述内容真实、准确、完整。 本人签名: 年 月 日

本人是犯罪嫌疑人、被告人______的辩护人/值班律师。本人证明:犯罪嫌疑人、被告人______已经阅读了《认罪认罚具结书》以及《认罪认罚从宽制度告知书》,根据本人所掌握和知晓的情况,犯罪嫌疑人、被告人______系自愿签署了上述《认罪认罚具结书》。

签名:

律师执业证号:

年　月　日

第九章　刑事早期阶段获得法律援助的国际、国内指引

一、联合国《刑事司法程序早期阶段获得法律援助手册》[①]

1. 联合国指引手册概览

本手册旨在提供实用指南，指导相关政策和方案的制订与实施，包括实施《联合国关于在刑事司法系统中获得法律援助机会的原则和准则》中确定的国际标准，以确保在早期阶段获得法律援助。本手册旨在解决从业者在确保早期获得法律援助过程中面临的一些挑战，解决途径包括：

(1)解释《联合国原则和准则》关于在早期阶段获得法律援助的规定。

(2)系统探索在早期阶段有效提供法律援助所面临的挑战和障碍。

(3)向决策者、公务员和从业者(律师、法官、检察官、警察、羁押看守人员、公民社会参与者等)提供拓展能力的工具，协助他们克服上述挑战和阻碍。

(4)通过不同法域的实例，就一些实用创新解决方案提出建议。

(5)向法律援助提供者和警察(或其他侦查机关)提供培训资源。

第一章——早期阶段法律援助——本章阐述了在早期阶段提供法律援助为何有助于形成公平、人道而高效的刑事司法系统，以及如何有助于人类发展，简要评估了当前全球早期阶段法律援助形势，并概括了与该领域相关的国际规范和标准。其中一节是对关键术语的定义。

第二章——早期阶段法律援助的益处与挑战——本章通过一系列不同国家的实例，探讨了早期阶段提供法律援助对嫌疑人、被指控人以及对更广泛的群体

---

① 本章仅摘编部分内容，全文可见联合国官方网站：http://www.unodc.org/documents/justice-and-prison-reform/15-05540_C_ebook.pdf。

有何益处。随后通过案例研究评估了早期阶段提供法律援助所面临的主要挑战和障碍，阐明了早期阶段提供法律援助方案在实践中如何运作。

第三章——早期阶段获得法律援助权的基本法律框架——本章考察了有效确立并实施早期阶段法律援助制度的立法要求和监管要求。

第四章——早期阶段法律援助的组织与实施——本章综述了早期阶段提供法律援助方案的两个独立要素：组织、资助和实施该方案的制度安排，并讨论了早期阶段向犯罪嫌疑人或被指控人提供法律援助的机制以及各种法律服务实施模式。本章还探讨了确保服务质量的重要问题。

第五章——法律援助提供者的作用和职责——本章详细说明了律师、法律助理和其他法律援助参与者在刑事司法程序早期阶段提供法律援助中的职责和职能。

第六章——警察、检察官和法官的作用和职责——本章确认了警察、检察官和法官在确保早期阶段有效提供法律援助中发挥的关键作用，并讨论了其在实践中保障早期阶段获得法律援助权的作用和职责。

第七章——制定早期阶段提供法律援助的战略——就如何在《联合国原则和准则》基础上针对早期阶段法律援助规定制定实施战略，本章提供了相关指导。

附件涵盖了法律援助提供者和警察（以及其他侦查机关）培训课程模板，以及有助于有效制定早期阶段提供法律援助方案的其他材料。

2. 刑事早期阶段法律援助的概念和意义

刑事司法程序的早期阶段，即警察羁押或拘留的前几个小时或前几天，对于刑事犯罪相关被逮捕人或被拘留人至关重要。所做出的决定以及所实施或未实施的活动将决定其有效进行自我辩护的能力、其拘留时间、其是否以及何时出庭受审、是否就起诉或转出刑事司法系统做出了适当决定，以及其最终是否得到了公平审判。

在此期间，嫌疑人和被指控人最有可能遭受酷刑或其他形式的虐待，包括被忽视、索贿、逼供、非法拘留等。[①] 他们的待遇和经历不但将影响他们对警察、其

---

① ［德］莫里茨·伯克（Moritz Birk）等：《审前拘留和酷刑：审前被拘留人面临最大风险的原因》（*Pretrial Detention and Torture: Why Pretrial Detainees Face the Greatest Risk*）（纽约：开放社会基金会，2011 年）。

他执法人员和刑事司法系统的看法,还会影响他们的家庭、朋友和社区,可能损害他们对刑事司法系统整体的信任。[①] 例如,这些待遇和经历可能对被害人和证人配合警察和刑事司法程序的意愿产生重大影响。

很多被逮捕人或被拘留人经济困难、缺乏教育或因一些其他原因而处于不利地位。他们往往知识或经验不足,难以理解和应对刑事司法系统,且能够用以有效应对刑事司法系统的经济资源有限。[②] 很多人是不满 18 岁的儿童,[③]除前述不利条件外,他们还可能不具有自行做出决定的法定权力,需要得到支持,确保其得到适当的待遇。

刑事司法程序的早期阶段对于刑事司法系统整体的效率和效力同样至关重要。这一阶段决定着所收集证据的范围和质量,进而决定着将来是否得到公平审判,有罪与否的判决是否适当。就审前拘留做出的判决不但对于相关个人及其对家庭和被扶养人的支持能力具有深远影响,[④]还对羁押设施维护所需的资源具有重大影响。

及时获得法律咨询和协助是保证公平审判和法治的关键。[⑤] 法律援助提供者的早期阶段干预有助于确保权利得到尊重,能提升刑事司法系统的效率和公平,并是防范酷刑和其他形式的虐待的重要保障。[⑥] 还能减少刑事司法系统整体以及相关个人和家庭承担的费用,如行贿相关费用或拘留造成的收入损失。

国家资助法律援助,以及具有辅助作用的其他法律援助服务提供者,对于确

---

① [美]泰勒(T. Tyler):《人们遵守法律的原因》(*Why People Obey the Law*)(新泽西州普林斯顿,普林斯顿大学出版社 2006 年版)。

② 德国联邦法院明确声明,在首次警察讯问之时,嫌疑人通常没有准备好应对这一情况,在无法律顾问且身处不熟悉环境的情况下,其常常不清楚状况,且会因讯问场景感到害怕。(德国《联邦法院判决》第 38 卷第 214 页)

③ 《儿童权利公约》(联合国《条约汇编》第 1577 卷第 27531 号),第 1 条。

④ 开放社会基金和联合国开发计划署:《审前拘留的社会经济影响》(*The Socioeconomic Impact of Pre-trial Detention*)(纽约:开放社会基金会,2011 年)。在《全球挑战综合战略的萨尔多瓦宣言:犯罪预防和刑事司法系统及其在日新月异世界中的发展》(联合国大会第 65/230 号决议,附件第 52 款)中,联合国成员国建议称,成员国应当努力酌情减少审前拘留,并推动诉诸司法和法律辩护机制的适用。

⑤ [英]艾德 · 开普(Ed Cape):《改善审前司法:律师和法律助理的作用》(*Improving Pretrial Justice: The Roles of Lawyers and Paralegals*)(纽约:开放社会基金会,2012 年),第 4.1 ~ 4.7 节。

⑥ 联合国人权事务高级专员办事处、防止酷刑协会和亚太国家人权机构论坛:《防止酷刑:国家人权机构操作指南》(*Preventing Torture: An Operational Guide for National Human Rights Institutions*),HR/PUB/10/1(2010 年 5 月)。

保获得法律咨询和协助、确保经济困难者获得法律权力,发挥着至关重要的作用。如果不能获得法律援助,经济困难者就容易遭遇不公平待遇、非法诉讼和索贿。在很多国家,一旦被逮捕,即有可能被拘留数月,甚至是数年,而不进行起诉、审判或定罪。拘留场所常常拥挤不堪,存在危险,并滋生酷刑、犯罪和腐败,并且通常还是疾病的温床;被拘留人在羁押期间感染疾病且未经治疗的,释放后对更广泛群体的健康造成不利影响。① 获得法律援助使得穷人能够加强话语权,巩固其地位,要求并行使权利。允许人们获得司法正义(包括通过提供法律援助服务),对减少贫穷、防止冲突至关重要。②

正如《联合国关于在刑事司法系统中获得法律援助机会的原则和准则》所述,在以法治为基础,公平、人道、高效的刑事司法系统中,法律援助是一个基本要素,为获得公平审判权等其他基本权利提供了基石,并且是确保刑事司法程序基本公平和公众信任的重要保障。③ 法律援助有助于实现国家的整体发展目标,例如,法律援助可以确保最弱势群体获得有助于保护其权利的服务,避免其陷入更加贫穷的境地。

在某些情况下,由于法律援助服务的成本问题,国家不愿在刑事司法程序早期阶段提供法律援助。遗憾的是,对法律援助支出的计算通常不考虑这些服务带来的社会效益和经济节约,及其对个人及其家庭权利的积极影响。一些益处很容易计量,如审前拘留人数减少带来的监狱系统成本节约。而其他一些益处则相对难以计量,因此常常得不到重视,但就树立社区信任以及保护所有人的健康而言,应该承认这些益处的价值。有时,这些无法计量的益处甚至比可以计量的益处更加宝贵,尤其是在冲突或冲突后的情形中。因此,在考虑成本的同时,必须考虑提供法律援助的益处。(见图9-1)

---

① [美]乔安娜·蔡特(Joanne Csete)、[英]德克·冯泽尔·斯密特(Dirk van Zyl Smit):《审前拘留和健康:意外后果、致命结果》(*Pretrial Detention and Health: Unintended Consequences, Deadly Results*)(纽约:开放社会基金会,2011年)。

② 联合国开发计划署:《展望赋权:实现融合和发展的举措集合》(*Envisioning Empowerment: A Portfolio of Initiatives for Achieving Inclusion and Development*)(纽约:UNDP,2009年),详情登录 www.undp.org/content/dam/aplaws/publication/en/publications/democratic-governance/legal-empowerment/envisioning-empowerment/Envisioning%20Empowerment_full.pdf。

③ 《联合国关于在刑事司法系统中获得法律援助机会的原则和准则》(联合国大会第67/187号决议,附件),第1款。

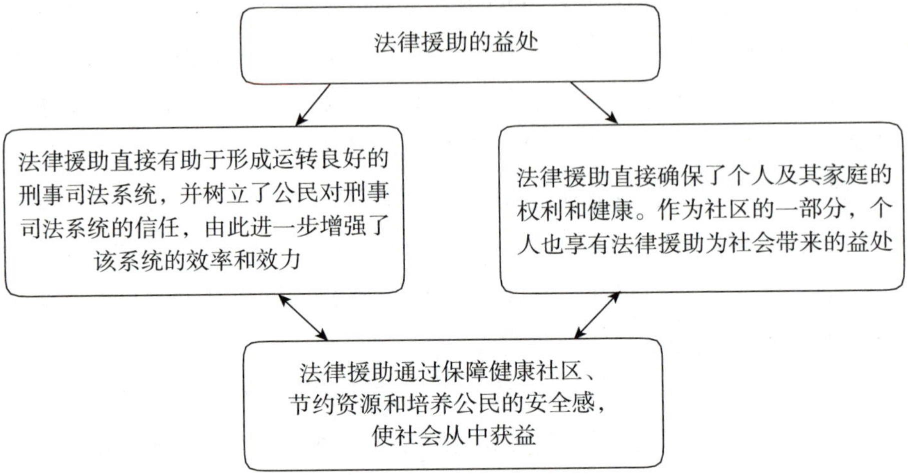

图 9-1　法律援助的益处

向嫌疑人和被指控人提供早期阶段法律援助，意味着旨在向嫌疑人和被指控人提供法律建议和协助的法律援助服务不适宜同时向被害人和证人提供。在某些情况下，同时向两类使用人提供服务是可能的，但必须仔细规划资源分配和服务提供，以确保充分解决组织压力和专业冲突问题。

3. 刑事早期阶段法律援助面临的挑战

很多国家，尤其是在调查资源有限的情况下，特别关注的是警察需要嫌疑人的供述进行定罪，如果嫌疑人在侦查阶段获得法律咨询和协助，他们供述的可能性将会降低。此处应当注意的是，《公民权利和政治权利国际公约》第 14 条第 3(g)款规定，任何人既不得被迫自证其罪，也不得被迫进行供述。人权委员会认为，由于禁止强迫供述，因此侦查机关不得进行直接或间接的身体或心理施压，且公诉人必须证明供述不是在强迫的情况下做出的。① 然而，存在的重大挑战是警察通常不具有能够发现和得出其他证据形式的必要技能、设施或资源。为了确保获得早期阶段法律援助的权利能够得到实施并且生效，警察需要接受培训，掌握收集证据的技能，并获得使用这些技能所需的设施和资源。很多国家已经

① 例如，人权委员会对于 Singarasa 诉斯里兰卡案的观点，2004 年 7 月 21 日通过(第 1033/2001 号函)(CCPR/C/81/D/1033/2001)；人权委员会对于 Dunaev 诉塔吉克斯坦案的观点，2009 年 3 月 30 日通过(第 1195/2003 号函)(CCPR/C/95/D/1195/2003)；人权委员会对于 Koreba 诉白俄罗斯案的观点，2010 年 10 月 25 日通过[第 1390/2005 号函(CCPR/C/100/D/1390/2005)]。

意识到这一点,并已采取措施解决警察的需要。

同时,在一些国家,律师主要集中在城市,而大多数人口居住在农村地区。[①]在很多国家,律师绝大多数是男性,因而可能无法充分满足女性嫌疑人和被指控人的需要。[②] 此外,在存在语言障碍而无法轻易进行口译的案件中,找到能够与当事人进行有效沟通的律师则是更大挑战。即使是在律师占人口比例较高的国家,大多数律师通常无法或不愿意向刑事嫌疑人或被指控人提供法律援助。

另外,在一些设有早期阶段法律援助计划的国家,私人执业律师普遍不愿意向警察局或其他拘留场所中的嫌疑人提供有效协助,需要开展提高认识和技能的培训,并且有时在运行早期法律援助计划时得不到律师协会的配合。[③]

在设计提供早期阶段法律援助计划之时,应当考虑可以提供法律援助的律师以及对于提供法律援助服务的补贴形式和程度。一些国家制定的计划是使用法律助理解决律师数量有限的问题。其他国家(尤其是过去律师很少提供刑事辩护服务的国家)则设立了公设辩护律师服务,向无法单独承担律师费用的人提供法律援助。

实行获得早期法律援助的权利面对的另一个挑战是,警察和其他执法人员必须发挥关键作用,告知嫌疑人其权利、帮助其与法律援助提供者联系。但是,在很多国家,存在一系列文化和组织因素妨碍警察发挥这一作用,包括逮捕或起诉目标,以及其他关于"成功"处理囚犯和起诉的制度要求,加上担心辩护律师参与将影响达到这些要求的能力。这些因素要求改变警察管理方式,消除阻碍推动早期阶段获得法律援助的不利因素,积极鼓励尊重被指控人的权利。警察培训也是帮助警察了解早期阶段法律援助重要性及其在推动获得早期阶段法律援助中的作用的一个重要方式。

---

① 关于非洲见联合国毒品和犯罪问题办公室:《在非洲刑事司法制度中获得法律援助:调查报告》,第13页。

② 例如,在巴基斯坦,联合国开发计划署法律授权方案因此在所有法律援助小组中优先招聘女性律师。

③ 关于欧洲参见[英]艾德·开普(Cape)等:《欧洲的有效刑事辩护》(比利时安特卫普,因特桑提亚出版社,2010年),第591~592页;及[英]艾德·开普(Cape)、那莫拉则(Namoradze):《东欧的有效刑事辩护》(索罗斯基金会-摩尔多瓦,2012年),第423~424页。在尼泊尔,结果表明,即使在刑事司法程序的早期阶段有刑事辩护律师提供咨询和服务,他们拥有的知识和技能通常不足以确定什么时候存在保释权,并提出有效申请。参见尼泊尔,保护人权论坛:《尼泊尔法律援助服务影响评估:研究报告》(加德满都,尼泊尔最高法院和联合国开发计划署,未注明日期)。

4.刑事早期阶段法律援助的法律框架

各国应当尽最大可能在本国法律体系中保障获得法律援助的权利,包括在宪法中适当保障这一权利。国家有责任在刑事司法程序的早期阶段提供法律援助。国家应当颁布适当的法律法规,确保在刑事司法程序的早期阶段建立可获得、可持续、可信赖、经费充足、适当、有效而全面的法律援助制度。

宪法(如果相关)和法律应当明确规定何人在刑事司法程序的早期阶段有资格获得法律援助以及获得法律援助的资格条件。其中尤其应当明确,与可判处监禁或死刑的刑事犯罪相关的任何被逮捕人、被拘留人、嫌疑人或被指控人,或在任何其他的犯罪类型中司法利益有此要求的(包括任何人因该犯罪被逮捕或被拘留的情形),该人有资格获得法律援助。

法律应当为儿童和其他弱势人群做出特殊规定(可能包括强制法律援助),确保他们的特殊需要得到充分规范和满足。

法律应当明确规定获得法律援助权首次产生的时间点,不得晚于任何人被逮捕或被拘留的时间。如果法律允许减损获得法律援助权,应当明确允许减损的情形,该情形应当仅限于个体案件中存在令人信服的减损理由。

法律应当要求立即以其可以清楚理解的方式向嫌疑人和被指控人告知其早期阶段获得法律援助的权利,尤其需要考虑儿童、弱势群体和其他特殊需要群体的需要。法规应当规定标准"权利告知书"以及核实是否确已告知的方法。

嫌疑人或被指控人用以决定是否行使其法律援助权的程序应当在法规中予以规范。该法规应禁止警察和其他相关官员试图劝阻嫌疑人和被指控人行使其权利。另外,还应当考虑其他保障措施。

应当在法律中规定警察和其他相关官员有义务执行法律援助申请,并应设立适当程序,确保联系到愿意并能够提供法律援助的法律援助提供者。另外,还应规定法律援助提供者有权接触行使获得法律援助权的人。

法律应当明确规定,嫌疑人或被指控人能够秘密地咨询法律援助提供者。还应明确法律援助包括在任何讯问期间有法律援助提供者在场的权利,且该提供者应能够出席保护其当事人的利益。

对早期阶段获得法律援助权的保障应当包括记录、查证和监督义务,以及在侵权情况下的适当救济措施和保障措施。

其中,记录并查证就早期阶段法律援助所采取的关键措施和做出的关键决定对于确保该权利在实践中有效落实、确定改善领域(和良好做法)以及使政府能够确定是否遵守了其国际义务尤为必要。对于嫌疑人或被指控人,这些措施有助于其建立信心,确信自身权利得到尊重。对于警察和其他相关机构,记录和查证有助于保护他们免受违反正当程序性权利的不当指控。有效的记录和查证还需要多种形式的适当监督。例如,警察管理体系可以使用记录和查证数据确定不适当的专业行为、系统和程序性缺陷以及培训需要。司法机关可以使用这些信息确定审判时是否采用警察讯问得到的证据。这些和其他形式的监督有助于警察和其他官员更加了解遵守获得法律援助权和其他正当程序性权利的重要意义。

无论采用哪种方法,应当考虑制定法规或协定,对在警察局或类似拘留场所中被逮捕和/或拘留的每个嫌疑人或被指控人记录下列信息。

需要记录的基本信息

- 警察与嫌疑人首次联系的时间。
- 逮捕和/或拘留的时间,进行逮捕和/或授权拘留的官员的姓名和身份,以及逮捕和/或拘留的原因或理由。
- 嫌疑人或被指控人的姓名和身份。
- 为确定嫌疑人或被指控人的年龄和/或确定任何相关弱势所采取的措施,该措施的结果以及因该确定所采取的任何进一步措施。
- 嫌疑人或被指控人被告知其有权获得早期阶段法律援助(和其他程序性权利)的时间,告知其权利的方法,以及嫌疑人或被指控人就是否行使其早期阶段获得法律援助权做出的决定。
- 如果嫌疑人或被指控人放弃获得法律援助权,则应制作表明其系自愿放弃该权利的详细记录。
- 如果嫌疑人或被指控人行使早期阶段获得法律援助权:

— 警察或其他相关官员为联系法律援助提供者所采取的措施,采取该措施的时间 以及结果;

— 法律援助提供者到达警察局或其他拘留中心或以其他方式进行联系的时间,以及该法律援助提供者的身份;

— 法律援助提供者为嫌疑人或被指控人提供咨询的时间;

— 法律援助提供者离开警察局或拘留场所的时间。

- 每次警察讯问的时间和时长，以及出席讯问的每个人的身份。
- 涉及嫌疑人或被指控人的任何其他程序措施发生的时间，采取任何该措施之人的姓名和身份，对所采取措施的说明以及该措施的结果。
- 拘留期间和相关时间（例如，指控时间、出庭时间、保释出狱时间或转移至另一拘留场所的时间）的结果。

5. 法律援助提供者的作用和职责

被逮捕人或被拘留人因逮捕或拘留处于弱势地位。但是，由于他们的个人情况或拘留环境，他们的弱势可能进一步加剧，这一点体现在很多方面。嫌疑人或被指控人可能担忧自己身处的环境，可能不了解他们被拘留的原因或者会有什么事发生在自己身上，可能身患疾病或遭受身体或心理虐待，或可能正经受着滥用毒品或酗酒的后果。如果该人是儿童或有特殊需要，其弱势将更加凸显。因此，嫌疑人或被指控人可能对法律援助提供者怀有疑虑或敌意，可能表现出质疑和出乎意料的行为，可能保持沉默或不理解法律援助提供者试图开展的活动或表述的内容，并且无法理解法律援助提供者所给予建议的重要性。

警察或与拘留相关的其他官员可能对法律援助提供者的出现或干预怀有敌意，不尊重或仅仅是试图忽视法律援助提供者。有时，他们甚至可能会让法律援助提供者感到威胁。即使警察或其他官员承认嫌疑人或被指控人有权获得早期阶段法律援助，他们可能也不愿提供信息，不愿（有时是不能）提供关于所控犯罪的信息、其所有的证据或可能的事件经过。另外，法律援助提供者身处警察局（或拘留机关）的范围内，须服从其日程，且通常与自己的同事或聘任单位隔离开来，无法得到他们的支援。

法律援助提供者可能不确定如何保护其当事人的权利和利益，尤其是在刚开始引入规范早期阶段获得法律援助权的法律时。即使法律规定了早期阶段获得法律援助权，可能也没有明确该权利所包含的内容。例如，可能没有明确规定必须向法律援助提供者提供哪些信息，对当事人进行讯问时法律援助提供者是否可以在场，如果可以，法律援助提供者能够介入的程度如何。虽然理想情况是这些事项应当规定在法律或法规中，但法律援助提供者必须在其所在法域的现行规则中实施早期阶段法律援助。

对于法律援助提供者在刑事司法程序早期阶段的特定作用，不存在国际上公认的陈述。下文的陈述符合并力图贯彻《关于律师作用的基本原则》和《在刑事司法制度中获得法律援助的联合国原则和准则》（在其适用于早期法律援助的情况下）。

> 法律援助提供者在实施早期阶段法律援助中的作用是保护并促成其当事人的权利和合法利益。在这一过程中，法律援助提供者必须：
>
> • 忠实尊重并采取任何必要措施增进其当事人的利益，尤其应当顾及其当事人的年龄、性别、国籍或种族、心理或生理障碍或性取向。
>
> • 力图确保其当事人知晓并了解自己的权利。
>
> • 力图确保其当事人得到体面、合法的对待，人权得到尊重。
>
> • 向其当事人提供咨询、协助并在适当时提供代理，尤其应当顾及其当事人的特定需要和任何相关弱势。
>
> • 力图确保其当事人的决定得到尊重。
>
> • 以适当方式质疑其当事人受到的任何非法或不公平待遇。
>
> • 力图确保其当事人在最终结案前，包括在任何上诉中，继续得到法律咨询、协助和代理。

法律援助提供者在早期阶段法律援助中发挥其作用的责任包括：

（1）快速、适当响应法律援助申请。

（2）向警察、当事人和其他相关来源收集相关信息。其中，法律援助提供者应当努力向当事人获取：

①关于其个人情况和其任何担心事项的信息。关于当事人个人情况的信息有助于法律援助提供者确定当事人是否具有任何特殊弱势以及应该就此采取的措施。法律援助提供者还将能够将此信息与警察或其他拘留机构向其提供的任何信息进行比对。法律援助提供者应当与当事人一起仔细考虑应当将哪些信息（如有）传达给警察或其他机构。法律援助提供者有必要查明当事人特别担心的事项，因为这可能意味着当事人尤其容易做出错误供认。例如，担心年幼的孩子无人照顾的家长或需要下一次“注射”的吸毒者可能认为（及可能由警察诱使认

为)供认将加快释放。[①]

②关于逮捕或拘留情况的信息。这使法律援助提供者能够将此信息与警察或拘留机构提供的信息进行比对,从而可能有助于法律援助提供者判断起诉案件的强度,当事人是否完全了解情况的严重程度以及其是否向法律援助提供者充分准确地披露了信息。

③关于被控罪行的信息。如何取得此信息取决于一系列因素,包括当事人的状况和智力水平,但法律援助提供者必须努力确保当事人在其披露所有相关信息时感觉自信。虽然当事人可能需要就哪些是相关信息得到指导,但法律援助提供者应当注意不要影响所提供信息的准确性或真实性。在向当事人获取信息时,法律援助提供者应当谨记任何涉嫌(或其他潜在)犯罪、任何可能辩护和从轻处理(当事人认罪时)的法律定义。在相关情况下,法律援助提供者应当与当事人一起探讨哪些证据可能存在或可以获得、支持无罪以及是否有任何潜在证人。

(3)确定当事人的任何弱势或特殊需要(包括查明其是否是儿童);确定当事人是否通晓或理解程序中使用的语言以及其是否能够阅读相关文件;确定当事人是否存在任何其他相关弱势,并采取任何适当措施。如果嫌疑人的年幼子女在其拘留期间无人照顾,嫌疑人也可能处于弱势。

(4)核实警察或其他相关机关所采取措施的合法性,并在发生违法行为时采取适当措施。

(5)依照现行法律,在任何讯问之前、之时和之后向当事人提供咨询和协助。

(6)向警察或其他相关机关提出适当交涉。

(7)联络当事人的家人和/或第三方(需得到当事人的同意)。

(8)确保当事人在任何后续庭审中获得代理,尤其是在审前拘留听证中。

(9)记录所有相关信息。包括:①涉及当事人的信息;②所有相关时间,例如,逮捕和拘留时间,咨询时间,讯问时间,法律援助提供者联络警察或拘留机构的时间以及法律援助提供者访问警察局或拘留场所的时间;③当事人做出的指示;④法律援助提供者提供的咨询以及所采取的任何措施或提出的任何交涉;⑤在任何讯问期间所说的话;⑥警察或侦查机关开展的其他侦查活动及其结果;

---

① 关于错误定罪,参见[英]古金森(G. Gudjonnson):《讯问和供认心理学:手册》、《犯罪心理学、警务和法律》威立丛书(西萨塞克斯郡奇切斯特,威立,2003年)。

⑦警察、侦查机关、检察官或法院做出的任何相关决定。

6. 初次为当事人提供咨询的内容结构

(1)解释你是谁、你的身份,说明法律咨询和协助是免费的(如适当)以及咨询如何展开。

(2)找出任何即时关注点或特别需要,例如,医疗、食物、担心子女、弱势,并采取适当措施。

(3)详细了解当事人的背景。这有助于当事人平静下来并对你产生信任,使你能够评估当事人。但是,这可能适合在讯问的后期进行,尤其在你熟悉当事人的时候。

(4)告诉当事人你向警察获得的信息,简单说明控方将要证明的事项(如适当),并在适当时初步指出警方对案件的表面证明力。

(5)考虑当事人的相关情况,包括逮捕情形以及当事人是否已向警察陈述任何相关内容。

(6)就当事人的法律地位提供咨询。

(7)就当事人在警察讯问时是否回答问题提供咨询。

(8)在适当时提供关于搜查、采样、鉴定程序或其他侦查活动的咨询。

(9)简要告知当事人警察讯问将如何开展以及你在讯问中的作用。

(10)为当事人做好接受警察讯问的准备。

二、司法部《刑事早期阶段法律援助质量评估指南》①

法律援助是以法治为目标的公平、人道和高效的刑事司法系统一个基本要件,是享有包括公平审判权等其他权利的基石,并且是确保刑事司法程序基本公平并且得到公众信任的一个重要保障,各国应当尽最大可能在本国法律体系中保障获得法律援助的权利。②

在一国法律援助制度中,刑事法律援助作为优先考虑的原则,已被越来越多的国家所接受,但刑事早期阶段的法律援助却并没有这么幸运。在许多国家,庭

① 本文仅节选与值班律师直接相关的部分。完整版可见中国法律援助网:http://www.chinalegalaid.gov.cn/China_legalaid/content/2017 - 07/20/content_7250228.htm? node = 40953,最后访问日期:2018 年 11 月 3 日。

② 参见《联合国关于在刑事司法系统中获得法律援助机会的原则与准则》第 1 条、第 14 条。

审阶段刑事法律援助制度往往成为备受关注的重点。其原因是多重的,除经费预算不足和司法传统之外,对刑事早期阶段法律援助的重要意义缺乏足够的认识,无疑最关键。联合国毒品和犯罪问题办公室在近期出版的《在刑事司法程序早期阶段获得法律援助——决策者与从业者手册》(以下简称《手册》)中强调:犯罪嫌疑人被羁押前后的几个小时,或羁押后的几天,对于其权利保障至关重要。显然,要想真正实现法律援助的目标,需要我们认识到该早期阶段法律援助的重要性、益处与挑战。

自2013年9月起,司法部法律援助中心与英国大使馆文化教育协会共同执行"中欧法律援助合作"项目。该项目的主要目标之一是借鉴域外经验,参照欧盟和联合国有关规范性文件,完善中国法律援助制度。针对中国当前法律援助制度实施现状,中欧双方一致认为,刑事早期阶段法律援助质量问题理应成为当前关注的重点。

《刑事早期阶段法律援助质量评估指南》(以下简称《评估指南》),是中欧法律援助合作项目成果之一,由中国人民公安大学法学院张品泽教授主持起草,武汉大学丁鹏先生协助翻译整理,西英格兰大学布里斯托尔法学院刑法与实践领域开普(Cape)教授也提供了修改意见。

张品泽教授长期从事刑事诉讼法研究,应中欧法律援助合作项目组邀请,分别于2016年1月、4月参加了项目组举办的专题研讨会,与欧盟专家及国内多地法律援助机构负责人进行了充分的交流。根据上述会议交流情形,项目组决定聘请张品泽教授并在丁鹏先生协助下,与开普(Cape)教授合作,从国际国内两种视角,开发使用于中国的《评估指南》。该指南是一种开创性的尝试,也是推动中国刑事早期阶段法律援助服务质量不断提升的必然要求。

从结构上看,《评估指南》由背景、规范基础、参考资料、总则、行为准则及其量化分值、分质量评估等几部分内容构成。不仅阐述了拟定的缘由和依据,而且针对刑事早期阶段法律援助的具体环节,分别设计了适用于值班律师和法律援助辩护律师两套规则。结构合理,标准明确,逻辑严谨。除了极少规则(如讯问时律师在场)属于结合欧盟标准,突破中国现有立法之外,《评估指南》中所有规则的拟订,均以中国当前有效规范性文件为基础,因而,具有较强的指引意义和示范价值。《评估指南》将分散于不同领域、不同层次有关刑事早期阶段法律援助的规范性文件,以行为准则与质量评估为主题,统合于一体,体现了较强的实践理性和工具作用,可以为更好地开展刑事早期阶段法律援助工作提供指导。

《评估指南》中有关法律援助行为的量化分值和评估权重,反映了拟定者的质量观和价值判断。各地在参照适用过程中,如果发现其中某些评估标准或评估手段难以操作或需要调整,可以及时同司法部法律与援助中心取得联系,我们将会同有关专家再次进行专门研讨。

培根曾说过:"对于一切事物,尤其是最艰难的事物,人们不应期待播种与收获同时进行,为了使它们逐渐成熟,必须有一个培育的过程。"对于《评估指南》,我们同样需要保持这样的心态。

第一部分　总　　则

1. 目的和作用

1.1　指南目的:维护犯罪嫌疑人及其法定代理人、近亲属的诉讼权利,提升法律援助质量。

1.2　指南的作用:为刑事程序早期阶段法律援助实施方式、行为准则,提供指引和设定评价指标;提高法律援助的可操作性和有效性;防范法律援助的不当行为。

2. 适用对象

本指南适用于在刑事程序早期阶段,开展法律援助活动的值班律师、法律援助辩护律师、法律援助机构、负有履行法律援助法定职责的办案部门,以及其他监督法律援助质量的机构或组织。

3. 与相关法律规范和行为准则的关系

3.1　本指南主要依照现行《刑事诉讼法》、《法律援助条例》、2013 年最高人民法院、最高人民检察院、公安部、司法部《关于刑事诉讼法律援助工作的规定》等规范性文件,借鉴联合国《世界人权宣言》《公民权利和政治权利国际公约》《禁止酷刑公约》《保护所有遭受任何形式拘留或监禁的人的原则》《关于律师作用的基本原则》等国际文书,并特别考虑到联合国《关于在刑事司法系统中获得法律援助机会的原则和准则》的指引意义。

3.2　看守所值班律师职能主要依照 2014 年公安部《关于进一步做好看守所法律援助工作站建设工作的通知》;2014 年全国人民代表大会常务委员会《关于授权最高人民法院、最高人民检察院在部分地区开展刑事案件速裁程序试点工作的决定》,最高人民法院、最高人民检察院、公安部、司法部《关于在部分地区开展刑事案件速裁程序试点工作的办法》,司法部《关于切实发挥职能作用做好刑事案件速裁程序试点相关工作的通知》,2015 年中共中央办公厅、国务院办公厅《关于完善法律援助制度的意见》,以及各省刑事法律援助工作办法。

3.3 本指南不能被解释为赋予值班律师或法律援助辩护律师高于其他辩护律师的特权。

4. 看守所、警察局值班律师保障权利职责

在看守所、警察局轮流或固定方式值班,及时为在押人员或接受讯问人员及其法定代理人、近亲属提供当面和电话免费法律帮助,保障其下列合法权利:

4.1 为在押人员或接受讯问人员及其监护人、近亲属提供法律咨询,告知其相关诉讼权利以及相关行为的法律后果,保障其知情权。

4.2 帮助犯罪嫌疑人及其监护人、近亲属申请法律援助,保障符合条件的犯罪嫌疑人及时获得法律援助辩护律师的权利。

4.3 为在押人员及其监护人、近亲属撰写申请变更、解除羁押措施的法律文书,保障其人身自由权。

4.4 为犯罪嫌疑人及其监护人、近亲属撰写申诉、控告法律文书,保障其人身、财产等合法权益不受侵犯。

4.5 应办案人员要求,讯问未成年犯罪嫌疑人时,担任合适成年人,保障合适成年人在场权和未成年人免于非法讯问的权利。

4.6 其他权利保障。

……

6. 看守所、警察局值班律师提供法律援助程序

6.1 经律师所在地法律援助机构遴选(具体方案另行制定),取得看守所、警察局值班律师资格。

6.2 与法律援助机构和看守所、警察局共同签订值班律师服务协议,明确值班方式、时间、提供法律援助的职责,以及获取补贴途径与数额。

6.3 值班律师与犯罪嫌疑人及其监护人、近亲属签订提供法律服务协议,明确值班律师提供法律援助的性质、内容、方式、期限与权限。

6.4 在协议确定的时间内,当面或电话为犯罪嫌疑人及其监护人、近亲属提供免费法律服务。

6.5 在犯罪嫌疑人获得辩护律师后,及时将相关资料转交给辩护律师。

6.6　法律援助机构、犯罪嫌疑人及其监护人、近亲属评价与监督值班律师的服务。

……

9. 值班律师、法律援助辩护律师免受不当影响

9.1　值班律师或法律援助辩护律师，依照法律、职业伦理和行为准则履行职责，不受机关、团体、组织和个人的不当干涉，不得要求提供法律援助的律师说服犯罪嫌疑人认罪，或泄露法律援助律师与受援方谈话内容。

9.2　发现下列情形之一的，值班律师、法律援助辩护律师应停止提供服务，由法律援助机构更换律师：

a)当事人与先前法律援助受援人是同案犯；

b)律师与受害人或办案人员有利害关系，影响其行为公正性。

10. 保密

10.1　值班律师、法律援助辩护律师在提供法律帮助过程中知悉的国家秘密、商业秘密，个人隐私，不得泄露。

10.2　值班律师、法律援助辩护律师在提供法律帮助过程中知悉受援方的有关情况和信息（包括向律师透露其已经实施的犯罪或会加重其量刑的情节，属于办案机关尚未发现的事实），应当保密。但是，受援方准备或者正在实施危害国家安全、公共安全以及严重危害他人人身安全的犯罪的，应当及时告知办案机关。

11. 职业培训、认证与评估考核

11.1　值班律师或法律援助辩护律师每年参加职业培训的时间不少于20～40小时。

11.2　职业培训的内容包括：

a)新颁布或修订法律规范；

b)法律援助疑难案例；

c)法律援助经验技巧。

11.3　新加入值班律师或法律援助辩护律师序列的成员，除了接受上述培训之外，还需要参加不少于16小时的职业伦理培训。

11.4　法律援助资格认证考试，由省级以上法律援助机构于每年3月中旬组织实施，只有通过该资格认证考试，才能成为值班律师或法律援助辩护律师。

11.5　法律援助质量评估机构于每年12月中旬，参照本指南，对本年度值班律师、法律援助辩护律师的工作进行评估考核。成绩不合格律师,取消其下年度法律援助律师资格,经过培训、考试合格后,可再次获得法律援助律师资格。

第二部分　行为准则及其量化分值

1. 法律咨询(100 分)

值班律师和法律援助辩护律师实施下列法律援助活动,均应存留有关资料的原件或复印件。

1.1　值班律师提供法律咨询(100 分)

1.1.1　材料准备:(10 分)

a)在押犯罪嫌疑人、其法定代理人(监护人)或近亲属相关权利告知书;

b)值班律师性质、职能介绍资料;

c)刑事法律规范,看守所规则;

d)记录文具或录音设备;

e)记录咨询时间的钟表。

1.1.2　了解咨询方(在押犯罪嫌疑人、其法定代理人或近亲属)语言沟通是否存在(方言口音、语言差异、聋哑)障碍,如发现存在障碍,及时聘请翻译。(10 分)

1.1.3　咨询开始前介绍、告知:(10 分)

a)值班律师性质、职能,建立信任关系;

b)咨询方相关权利、义务和纪律要求;

c)咨询过程中双方需遵循的规则:

i)谈话内容保密;

ii)如实陈述;

iii)谈话内容可以书面记录,录音录像需征求对方同意,且不可向外传播;

iv)手机静音或关闭,谈话中途不接听;

v)不随意打断对方谈话。

1.1.4　倾听咨询的问题,分析该问题是法律问题,还是事实问题,做相关记录。(10 分)

1.1.5　询问、了解犯罪嫌疑人所涉案件的基本情况,已经经历的法律程序。分析需要,做相关记录。(10 分)

1.1.6　对于咨询的法律问题,当时给予解答;对于咨询的事实问题,提出解

决方案。(40分)

1.1.7　告知(在押犯罪嫌疑人、其法定代理人或近亲属)申请法律援助或委托辩护律师的条件与手续。(10分)

1.2　法律援助辩护律师提供法律咨询,除了适用上述值班律师条款之外,还需要遵循以下要求:

1.2.1　告知以下事项,消除紧张情绪,建立信任:(同上述第1.1.3项合并计算分值)

a)法律援助辩护律师的职能、权限、为犯罪嫌疑人提供法律服务的内容;

b)涉嫌的罪名以及可能判处的刑罚;

c)强制措施期间应遵守的要求;

d)案件的诉讼进程;

e)认罪、不认罪、辩解以及保持沉默等行为的法律后果。

1.2.2　不得帮助犯罪嫌疑人隐匿、伪造、毁灭证据,或帮助其串供。

1.2.3　对于在接受法律咨询过程知悉的委托人有关情况和信息,包括不利于犯罪嫌疑人的事实,有权保密,但是,如果犯罪嫌疑人或其他人准备或者正在实施危害国家安全、公共安全以及严重危害他人人身安全的犯罪的,应当及时告知办案机关。

1.2.4　拒绝答应非法要求,必要时,可以拒绝或终止法律咨询。

……

3.告知权利与法律建议(100分、30分)

3.1　值班律师和法律援助律师应以犯罪嫌疑人及其法定代理人(监护人)、近亲属能够理解的方式(口头、书面,需要时提供翻译),告知其享有的诉讼权利。

3.2　告知犯罪嫌疑人享有如下权利:(以下每项10分,共计100分)

3.2.1　有权使用本民族语言,如不通晓诉讼过程中的语言,有权获得翻译。

3.2.2　有权申请回避,且对回避申请的决定不服,可以申请复议一次。

3.2.3　有权自行辩护。

3.2.4　有权委托辩护人或获得法律援助。

3.2.5　有权申请变更、解除强制措施。

3.2.6　讯问时有权拒绝回答与本案无关问题,有权不被强迫自证其罪。

3.2.7　有权阅读、纠正、补充讯问笔录。

3.2.8　对办案人员侵权行为，有权申诉、控告。

3.2.9　有权获知用作证据的鉴定意见。

3.2.10　有权申请补充鉴定或重新鉴定。

3.2.11　有关弱势犯罪嫌疑人的权利告知，参照下列第9.1～9.7项内容。（每项10分，共计不超出30分）

3.3　告知犯罪嫌疑人法定代理人（监护人）、近亲属享有的诉讼权利包括：（以下每项10分，结合第3.2.11项合并计算，共计不超出30分）

3.3.1　申请回避，且对回避申请的决定不服，可以申请复议一次。

3.3.2　申请变更、解除强制措施。

3.3.3　委托辩护律师，或申请法律援助。

3.3.4　对办案人员的侵权行为，有权申诉、控告。

3.3.5　有权接受指定监视居住、拘留、逮捕通知。

3.3.6　有关弱势犯罪嫌疑人特定权利保障参照下列第9.1～9.7项内容。

3.4　询问犯罪嫌疑人是否行使上述权利，如果行使，告知其如何行使该权利。

……

6.撰写法律文书(100分)

6.1　值班律师为犯罪嫌疑人及其监护人、法定代理人（委托方）代写法律文书（代书）包括：获得法律援助辩护律师申请书；强制措施变更、解除申请书；取保候审保证金退还申请书、不服没收保证金申诉书；不服被查封、扣押、冻结、没收财物申诉书；解除查封、扣押、冻结措施申请书；对于贪污、挪用、私分、调换、违反规定使用查封、扣押、冻结财物的申诉书；补充鉴定或重新鉴定申请书；回避申请书及不服其决定的申诉书；对非法讯问控告书；对办案人员其他侵害其人身权利、财产权利、隐私权控告书等。（代书法律文书每项10分，共计不超过50分）

6.1.1　告知委托人免费代书法律文书以及代书法律文书的性质。（10分）

6.1.2　明确代书法律文书的必要性。（10分）

6.1.3　要求委托方提供与代书法律文书相关信息和证据资料，并声明代书人对该信息资料的真实性和合法性不承担责任。（10分）

6.1.4　向委托方解释代书后法律文书的内容、法律效力以及可能引起的法律后果。（10分）

……

9. 保障弱势犯罪嫌疑人特定权利(每个弱势犯罪嫌疑人单独计算,分别30分)

值班律师和法律援助辩护律师保障的弱势犯罪嫌疑人包括:未成年人、生理上残障者、精神残障者、患有严重疾病、生活不能自理,怀孕或者正在哺乳自己婴儿的妇女,帮助其实现特定的权利。

9.1 值班律师保障未成年犯罪嫌疑人的特定权利包括:(以下每一项10分,共计30分)

9.1.1 督促侦查机关及时通知法律援助机关提供法律援助,法律援助机构及时指派辩护律师。

9.1.2 督促侦查机关对未成年人的成长经历、犯罪原因、监护教育等情况进行调查。

9.1.3 在押未成年人与成年人分别关押、分别管理、分别教育。

9.2 法律援助辩护律师除了维护上述第9.1.1、9.1.2两项特定权利之外,还需要保障以下权利:(与上述第9.1项合并计算,每项10分,共计30分)

9.2.1 检察院审查批准逮捕时,应当讯问未成年犯罪嫌疑人,听取辩护律师的意见。

9.2.2 讯问未成年人时,通知未成年犯罪嫌疑人、被告人的法定代理人到场。无法通知、法定代理人不能到场或者法定代理人是共犯的,通知未成年犯罪嫌疑人、被告人的其他成年亲属,所在学校、单位、居住地基层组织或者未成年人保护组织的代表到场,并将有关情况记录在案。

9.2.3 讯问未成年人时,到场的法定代理人或者其他人员认为办案人员在讯问中侵犯未成年人合法权益的,可以提出意见。讯问笔录交给到场的法定代理人或者其他人员阅读或者向他宣读。

9.2.4 讯问女性未成年犯罪嫌疑人时,应有女工作人员在场。

9.2.5 侦查终结移送审查起诉时,侦查机关不得提出适用速裁程序建议。

9.3 值班律师保障在押盲、聋、哑等生理上残障犯罪嫌疑人的平等权利包括:(以下每项15分,共计30分)

9.3.1 督促侦查机关及时通知法律援助机构提供法律援助,法律援助机构及时指派辩护律师。

9.3.2 保障聋哑犯罪嫌疑人及时获得翻译,盲人能够获得宣读权利告知书及有关文字资料。

9.4 法律援助辩护律师除了履行上述值班律师职责之外,在侦查终结移送

审查起诉时,要求不建议适用速裁程序规定。(与上述第 9.3 项合并计算,每项 15 分,共计不超过 30 分)

9.5 保障精神上残障犯罪嫌疑人特定权利:(以下每项 10 分,共计不超出 30 分)

9.5.1 督促侦查机关及时通知法律援助机构提供法律援助,法律援助机构及时指派辩护律师;

9.5.2 帮助精神上残障犯罪嫌疑人监护人、近亲属申请鉴定(重新鉴定、补充鉴定);

9.5.3 在侦查终结移送审查起诉时,要求不建议适用速裁程序规定。

9.6 保障女性犯罪嫌疑人特定权利:(以下每项 10 分,共计不超出 30 分)

9.6.1 值班律师发现怀孕或者正在哺乳自己婴儿的妇女被羁押的,及时要求变更为取保候审或监视居住。

9.6.2 法律援助辩护律师发现怀孕或者正在哺乳自己婴儿的妇女,向办案机关提出不适用羁押措施。

9.6.3 保障检查妇女的身体,应当由女工作人员或者医师进行。

9.6.4 保障搜查妇女的身体,应当由女工作人员进行。

9.7 对于患有严重疾病、生活不能自理的犯罪嫌疑人:(以下每项 30 分,共计不超出 30 分)

9.7.1 建议办案机关不适用羁押措施。

9.7.2 如果发现前者已经处于羁押状态时,帮助其申请变更、解除羁押强制措施。

……

12. 案卷记录和移交

值班律师或法律援助辩护律师开展工作,应该做好记录,为后续承办案件的律师移交完备的案卷材料。包括:

a)法律咨询、会见笔录;

b)法律文书(申请书、申诉书、控告书、通知书);

c)辩护意见书;

d)有关证据材料或线索资料;

e)其他与案件有关资料。

……

模块四

特别脆弱人群保护

第十章　保护女性被羁押人权利①

一、概述

在很多地方，妇女面临着获得法律援助的结构障碍和文化障碍，无法充分了解自己的权利，缺乏查明自己享有权利的资源，在行使权利方面也面临着严重障碍。在刑事程序中，有时会将在家庭暴力中受害的妇女当作嫌疑人或被指控人对待，被拐卖的妇女可能因涉嫌犯罪而被逮捕或拘留。另外，在一些国家，被逮捕或拘留的妇女可能遭受国家政府官员的性侵害和其他形式的暴力。为此，《联合国关于在刑事司法系统中获得法律援助机会的原则和准则》（以下简称《联合国原则和准则》）准则9“落实妇女争取法律援助的权利”指出：

国家应当采取可适用的适当措施以确保妇女享有争取法律援助的权利，其中包括：

（a）推行把性别角度纳入与法律援助有关的所有政策、法律、程序、方案和做法的积极政策，以确保两性平等并享有平等公开地获得司法救济的机会；

（b）采取积极步骤以确保，凡有可能就应当为女性被告人、女性刑事被告人和女性受害人提供女性律师；

（c）在所有法律诉讼程序进行之中向暴力行为女性受害人提供以确保有机会得到司法救济并避免间接受害为目的的法律援助、咨询和法庭上的支助服务及其他这类服务，其中可包括根据请求或需要翻译法律文件。

该联合国原则和准则依据的是用于解决刑事司法系统中女性需要的一系列

① 限于主编团队的经验和手册篇幅，本部分暂不专门收录关于儿童、女性少数群体等特别脆弱人群的指引文献。《联合国关于在刑事司法系统中获得法律援助机会的原则和准则》原则10指出，特殊需要群体包括但不局限于：老年人、少数群体、残疾人、精神病患者、艾滋病毒携带者和患有其他严重传染性疾病者、吸毒者、原住民和土著人、无国籍者、寻求庇护者、外国公民、移民和移徙工人、难民和国内流离失所者。

联合国文书。一些文书(如《在预防犯罪和刑事司法领域中消除对妇女的暴力行为的示范战略和实际措施》)主要涉及的是作为暴力犯罪女性的被害人需要,而另一些文书[如《联合国女性囚犯待遇及女犯非监禁措施规则》(以下简称《曼谷规则》)]则要求充分满足女性囚犯的特殊需要。因此,《曼谷规则》第2条规定,应适当关注妇女的监狱收押程序,并应当为新入监的女性囚犯提供便利,让她们与亲属取得联系,寻求法律咨询。

法律援助提供者可通过努力确保警察和刑事司法机关的程序符合相关规范文书,确保女性的特殊需要得到满足。这可能包括确保(凡有可能)女性管教对象由女性政府工作人员进行讯问,与男性分开拘留,且拘留看守人员为女性。在适用法律援助经济情况调查的情形中,如果每个家庭成员之间存在矛盾,则法律援助提供者可帮助确保经济状况审查中只计算该女性的收入。

法律援助服务提供者应考虑如何构建其服务,以便可以由女性法律援助提供者为女性嫌疑人和被指控人提供咨询、协助和代理。在一些情形中,法律援助服务可以专门向女性提供服务。[①]

为阐明我国女性在押人员的处境和权利保护需求,本手册摘录相关报告如下,尤其供培训者事先熟悉知识要点。

二、《中国女性在押人员处遇状况研究报告——以曼谷规则为出发点的分析》(摘编)[②]

2010年12月21日联合国第71次全体会议通过了《曼谷规则》,旨在一系列囚犯待遇国际准则的基础上进一步推动女性囚犯羁押期间的待遇以及扩大非监禁性替代措施的适用,从而从性别实质平等的视角推动人们重视、提高女性在押人员的处遇水平。

本报告围绕被羁押的女性人员的待遇与权利保障问题,使用多种实证研究方法对《曼谷规则》涉及的相关规则展开有针对性研究。报告的主要目的在于通过有限的数据,发现女性在押人员处遇的真实情况。

---

① 参见《刑事司法程序早期阶段获得法律援助:决策者与从业者手册》,第19~20页。

② 程雷、吕晓刚、陈建军:《中国女性在押人员处遇状况研究报告——以曼谷规则为出发点的分析》(经作者授权摘选收录),载中国人民大学人权研究中心网:http://humanrights.ruc.edu.cn/article/?57.html,最后访问日期:2018年11月5日。

本报告主要报告四个部分，首先，我们回顾了先前研究的基本情况与主要结论，这些以往的研究为本研究的开展提供了基本的背景，也能够进一步展示出本报告的全新发现是什么。其次，我们整理了目前有关女性在押人员权利处遇的相关法律、法规与政策性规定，这些文本上的各种规定从文本意义上勾勒出女性在押人员权益保障的规则框架。然后进入本报告的核心部分即第四部分，即我们的研究所揭示的规则框架在司法实践中的实施、执行情况及存在的相关问题。我们选择研究的问题来源是通过分析先前研究的内容及不足，再比对《曼谷规则》的要点得出的。就女性在押人员处遇，我们重点关注了四个方面的问题：(1)女性在押人员的生理卫生健康权；(2)婚姻及家庭权利；(3)心理健康；(4)人格尊严与隐私保障。报告的最后一部分是总结以及对未来完善方向的几点分析与评论。

(一)过往研究的主要发现

无论是女性未决犯还是女性已决犯，在我国都实行严格的集中关押制度，通过设置专门女子监狱及对女性犯罪嫌疑人、被告人集中关押等举措，实现男女在押人员的绝对隔离关押。由于社会生产模式的转变，女性参与社会事务的深度和广度不断延展，其所扮演的社会角色悄然转变，随之而来的是女性犯罪数量的显著增长。根据当前公开披露的统计数据，近年来，我国女性罪犯数量呈明显增长态势，女性服刑人员的增长速度明显快于服刑人员整体增长速度。(见表10-1)

表10-1　2004~2011年中国女性服刑人员增长比例①

时间	女性服刑人员增长率(%)	服刑人员整体增长率(%)
2004	6.43	1.07
2005	1.86	-0.27
2006	0.63	0.46
2007	0.72	0.07
2008	3.34	1.43
2009	5.21	2.15
2010	6.05	1.43
2011	3.02	0.62
总体增长率	27.26	6.96

① 数据来源：中国统计年鉴。

由于我国并未公布看守所内羁押的女性未决犯的具体数量,但根据监狱内服刑女性已决犯数量不难推断,看守所内女性未决犯的数量必然也呈现出递增态势。总体而言,我国处于被监禁和羁押状态的女性在押人员的数量近年来快速增加这一命题应当是成立的,而且其增长速率应当超过在押人员数量整体增长速率,在押人员中女性所占的比例呈递增态势。

女性由于在生理和心理上都与男性存在一定的差异,其所承担的社会、家庭责任也异于男性,然而在看守所、监狱这类具有高度封闭性的羁押和监禁场所内,出于对监管安全和改造秩序的维护,往往忽视性别差异,对所有在押人员采取相同的监管和改造标准体系。这导致我国长期以来对女性在押人员的权益保障关注度不足,但还是有部分学者针对这一问题展开了相应的探索与研究。梳理当前既有研究,我国当前关于女性在押人员权利保障研究的关注点主要集中在以下几个领域。

1. 女性服刑人员同居性生活的权利

女性已决犯的性权利,作为一个热点问题,存在较大争议。但当前较为统一的观点是罪犯并不因其享有婚姻权而必然享有性生活权。这是由其特殊身份决定的,虽然我国婚姻法规定夫妻有同居忠实的义务,但是由于一方因犯罪而被剥夺自由的情况下,自由刑执行中的封闭性和监禁性决定了不存在实现夫妻同居的客观条件。女性服刑人员享受性生活的权利应当让位于国家的刑罚权。然而,自20世纪90年代末以来,全国部分女子监狱陆续出台规定,安排部分表现较好的女犯与配偶同居12~24小时的所谓"特优会见"。这一举措实行以来,受到一系列的质疑与反对,在执行过程中也暴露出诸多问题,很多监狱纷纷叫停了这一制度。①

2. 女性在押人员的婚姻权保障问题

女性已决犯有无婚姻权一直是个热点问题,但《监狱法》等法律法规并未作出明确规定。罪犯是失去人身自由的人,在婚姻自由方面,其权利必然受到限制,1982年公安部颁布的《监狱劳改队管教工作细则》(现已失效)曾规定:"犯人在关押或保外就医期间,不准结婚。"当然,在多年的实践中,婚姻权对罪犯并非

① 王苏红:《我国监狱女犯权利保护的理论基础与制度安排》,苏州大学2007年硕士学位论文,第27页。

完全为“禁区”。当前,罪犯的婚姻权受到的重视度不断提高,全国许多监狱均有为罪犯提供便利,让罪犯领取结婚证,甚至为其举办简单的狱中婚礼的个例,事实上承认了罪犯的婚姻权的存在。2004 年民政部出台的《关于贯彻执行〈婚姻登记条例〉若干问题的意见》明确规定:“服刑人员申请办理婚姻登记,应当亲自到婚姻登记机关提出申请并出具有效的身份证件;服刑人员无法出具身份证件的,可由监狱管理部门出具有关证明材料。”终结了关于罪犯有无婚姻权的争论,承认了罪犯婚姻权的存在。但在实践中,监狱对罪犯结婚问题仍持否定态度,符合结婚条件又想要领结婚证的罪犯能如愿的可谓少之又少,大部分罪犯的领取结婚证的权利尚未得到很好保护。①

3. 女性在押人员隐私权保障问题

隐私权作为“在不断扩大的社会公共空间给个人保留的一块安宁领地。它是自然人保持人格独立、平等、自由和尊严,从事社会活动所必不可少的条件,是个人生活领域的事情不为他人知悉、禁止他人干涉、保持个人精神与现实生活的隐秘与安宁的权利”。② 而看守所和监狱作为羁押和监禁场所,为了确保监管安全,必然会对女性在押人员的隐私权进行一定程度的限制。为了监管安全,在看守所及监狱的监室都需要安装视频监控系统,其视角能够覆盖整个监区的各个部位。对于女性在押人员来说,生理特征及卫生习惯决定了其比男性在押人员更多的隐私需求。然而,由于洗浴场所、监控设备、监管人员等各方面条件的限制,女性在押人员洗澡及如厕时,其身体的隐私都会被视频监控系统拍摄并储存。一旦出现监控系统终端权限设置、视频监控工作人员配备不科学的情况,女性在押人员在隐私权可能会受到严重侵犯。③ 因此,在监控摄录方面应给女性在押人员留有一定隐私空间,对日常生活起居的监控应做出适当变通,在洗手间、浴室等涉及身体隐私的地点不安装摄像头,由女性看守人员担任监控员,监控录像录制好后严格封存,非查明案情需要并经严格审批程序不能调出播放。④

---

① 王苏红:《我国监狱女犯权利保护的理论基础与制度安排》,苏州大学 2007 年硕士学位论文,第 26 页。

② 温小莉:《论政务公开的法律体系》,载《中国法学》2004 年第 2 期。

③ 吕建伟、谭启敏、李华振:《看守所女性在押人员人权保障专题调研》,载《法制与社会》2009 年第 6 期(下)。

④ 沈佳:《刑事诉讼中女性被追诉人人权保护制度研究》,西南政法大学 2008 年硕士学位论文,第 21 页。

此外,对于监狱及看守所管教和监管民警通过搜查女性在押人员日记的方式了解其思想动向,预防自杀自残的行为,虽然有助于维护监管安全,但是从隐私权本身来看,女犯的日记不应搜查范围内,应当保护其内心倾诉的隐私性。①

4. 女性在押人员的妇科定期检查问题

针对女性的妇科检查,我国当前仅在《女职工保健工作规定》(卫妇发〔1993〕第11号)中规定,凡进入更年期的女职工,应得到社会广泛关注,向她们宣传更年期生理卫生知识。各单位每1~2年要对更年期女职工进行一次妇科疾病的查治。女性已决犯在监狱中要参加劳动,属于女职工的范畴,应当享有这一权利。然而在实践中,迫于经费压力,这一规定并未得到很好的贯彻,女性在押人员,尤其是更年期女性在押人员并未规范的定期接受妇科检查。②

5. 女性在押人员的对外联络权问题

虽然《监狱法》规定:罪犯可以会见亲属和监护人。但为防止罪犯的会见人"鱼龙混杂",避免罪犯在不良亲属的劝说、带动下习性变坏,甚至共谋越狱事件的发生,影响和破坏监狱秩序;同时,也为了减小工作量,监狱往往将会见范围规定为罪犯的直系亲属及兄弟姐妹,其他亲属则不在会见范围之内。《监狱法》规定:罪犯服刑期间可与他人通信。实践中,监狱操作时,也往往只将罪犯通信对象限制在直系亲属及兄弟姐妹内,为防止里应外合式的违法甚至犯罪行为的发生,罪犯写信给上述人员外的人,必须经过数道审批手续。③

6. 女性在押人员羁押及服刑场所的布局问题

监狱布局主要是指监狱的地理位置。我国现有监狱约700所,其中大约有70%左右的监狱不在或者远离县以上城镇,远离大中城市的比例更大,相当一部分监狱坐落在交通不便、偏远荒僻的地方。我国中西部地区,如新疆、四川、云南、贵州等省、自治区监狱位置荒僻的情况更为突出。监狱所处地域的差异也带来了女犯权利保护方面的差异。在地理位置较好的女子监狱,监狱吸纳高素质

---

① 王苏红:《我国监狱女犯权利保护的理论基础与制度安排》,苏州大学2007年硕士学位论文,第30页。

② 王苏红:《我国监狱女犯权利保护的理论基础与制度安排》,苏州大学2007年硕士学位论文,第27页。

③ 王苏红:《我国监狱女犯权利保护的理论基础与制度安排》,苏州大学2007年硕士学位论文,第30页。

的警察人才相对较为容易、利用社会市场、原材料、交通等条件发展监狱生产相对较为容易、与社会的联系也较多，因此，女犯的诸多权利都相对能得到较好保护。女犯作为女性，对亲情的信赖感更强，监狱位于交通方便的城区，其会见权更容易实现。①

7. 女性在押人员的心理疏导问题

处于侦查、起诉、审判阶段的女性未决犯由于对诉讼程序的陌生、对诉讼结果的担忧，往往会因为自己前途未卜而导致心理负担过重、情绪不稳。这个时候容易滋生出一定的抵触情绪，对待监管民警的管理可能产生逆反心理，不配合、不服从、自暴自弃。要缓解、疏导未决女性在押人员的心理压力，可以从增加管教女警数量、提高管理素质、转变管理理念、完善管理体制、强化法律监督等方面着手进行。② 另外，女性已决犯的心理健康状况也明显不良，呈现出暴力犯罪者比非暴力犯罪者、离异女犯比未婚和已婚女犯心理健康状况差；文化程度越高，心理健康状况越好的态势。其中，离异女犯的心理问题尤为严重，抑郁、强迫等精神病的发生概率远高于未婚和已婚女犯，这可能是由于女性更为看重家庭，一旦家庭破裂，对她们的感情伤害很大，从而产生情绪低落、对生活丧失希望、强迫焦虑、精神恍惚等症状。③

8. 女性在押人员的财产权保障

当前关于女性在押人员财产权保障的重点是被羁押或监禁期间离婚的女性的财产分割问题。关于离婚财产分割，由于女性在押人员处于被监禁状态，其丈夫在离婚财产分割方面更具主动权，往往会利用家族的力量和女犯的身份对女犯施压，使其同意一份并不公平的离婚财产分割协议，或是悄悄进行财产转移、抑或"做手脚"造成财产全无的假象，使许多女犯离婚后往往是"净身服刑"。但碍于自己的生活状态和经济状况，女犯即使有心维护自己权利，却无足够能力去争取。看守所和监狱应当积极配合协助女性在押人员维护合法权益，以保障监

---

① 王苏红：《我国监狱女犯权利保护的理论基础与制度安排》，苏州大学 2007 年硕士学位论文，第 28 页。

② 吕建伟、谭启敏、李华振：《看守所女性在押人员人权保障专题调研》，载《法制与社会》2009 年第 6 期（下）。

③ 周靖、白广明：《关于在押女犯心理健康状况的调查研究》，载《社会心理科学》2003 年第 1 期。

管安全,维护矫治秩序。①

(二)现有法律法规规范概貌

1. 女性在押人员分押分管与集中羁押

《看守所条例》和《看守所条例实施办法》中均规定:“对男性人犯和女性人犯,成年人犯和未成年人犯,同案犯以及其他需要分别羁押的人犯,应当分别羁押。”公安部《看守所等级评定办法》中也规定:“对男性和女性在押人员,犯罪嫌疑人、被告人和罪犯,成年和未成年在押人员,同案犯罪嫌疑人、被告人等分别关押、分别管理。对犯罪嫌疑人、被告人和罪犯,成年人和未成年人,同案人员等分别关押、分别管理。女性在押人员由女民警看管。”为此,2009 年下发的《公安部关于进一步加强和改进公安监管工作的意见》指出:“对女性和未成年被监管人员,要充分照顾其特殊生理和心理需要,实行分类集中看押。”公安部《关于对看守所女性在押人员实行集中关押管理的通知》规定:“地市级以上城市根据女性在押人员的数量,设置关押女性在押人员的看守所或者监区。女子监区应当与男监区相对封闭隔离,监区内设置女民警值班室、监控室、谈话室等。县级看守所女性在押人员数量较多时,可以设置女子监区。”

《监狱法》第 39 条规定:“监狱对成年男犯、女犯和未成年犯实行分开关押和管理,对未成年犯和女犯的改造,应当照顾其生理、心理特点。监狱根据罪犯的犯罪类型、刑罚种类、刑期、改造表现等情况,对罪犯实行分别关押,采取不同方式管理。”

根据上述规定形成了我国当前女性已决犯统一在各省单独设置的女子监狱服刑;另外还有一些附属于男犯监狱的女犯监区;②女性未决犯在各地级市看守所女子监区统一羁押的羁押和监禁格局。

2. 女性在押人员参加劳动的相关规定

作为一项重要的改造手段,女性已决犯参加适当的劳动改造是实现矫正目标的重要手段。司法部《关于创建现代化文明监狱的标准和实施意见》规定:“根据女犯和未成年犯的生理、心理特点,为其安排适宜的劳动。”公安部《看守所等

---

① 王苏红:《我国监狱女犯权利保护的理论基础与制度安排》,苏州大学 2007 年硕士学位论文,第 19 页。

② 杨木高:《中国女犯矫正制度研究》,南京大学出版社 2012 年版,第 23 页。

级评定办法》规定："未成年、女性在押人员劳动,应当充分照顾其心理和生理特点。犯罪嫌疑人、被告人以及女性在押人员劳动必须在监室内进行。女性在押人员劳动时,应当由女性民警带领和监管。"公安部《看守所组织在押人员劳动管理办法》同样规定："看守所组织未成年、女性在押人员劳动,应当充分照顾其心理和生理特点。犯罪嫌疑人、被告人以及女性在押人员劳动必须在监室内进行。女性在押人员劳动时,应当由女性民警带领和监管。对女性在押人员的身体检查由女性民警进行。"

针对女性已决犯和未决犯,需要注意二者参加劳动的性质是存在本质区别的。对于女性未决犯而言,《看守所条例实施办法》第43条规定："为了促进人犯的思想改造,增强人犯体质,在保证安全和不影响侦查、起诉、审判的前提下,看守所可以在所内组织人犯进行适当的劳动。"根据无罪推定原则,女性未决犯应当被视为无罪之人,因而并不负有接受改造的义务,组织其参加劳动更多的是作为一种锻炼身体,缓解心理压力的举措。而对于女性已决犯,《监狱法》第70条规定："监狱根据罪犯的个人情况,合理组织劳动,使其矫正恶习,养成劳动习惯,学会生产技能,并为释放后就业创造条件。"这意味着,对于女性已决犯,劳动作为一种重要的矫正手段,通过劳动矫治其存在的恶习,学习劳动技能,为刑满释放后复归社会奠定基础。参加劳动是女性已决犯的法定义务,是其接受改造的重要变现,也是考察其改造程度的重要指标。

此外,对于女性已决犯和未决犯在劳动报酬问题上也存在一定差别。《看守所条例实施办法》第58条规定："人犯和已决犯劳动生产的收入由看守所掌握,主要用于购置已决犯和未决犯劳动生产用品、生活补助和奖励。"公安部下发的《看守所组织在押人员劳动管理办法》第24条也规定："看守所的劳动收入使用范围如下:(一)改善在押人员伙食,奖励劳动表现突出的在押人员;(二)购置在押人员劳动设备、工具、劳保用品等;(三)其他必要开支。"这表明在我国女性未决犯并不享有劳动报酬权,这当然与其较少参加劳动有一定的关系。而《监狱法》第72条明确规定："监狱对参加劳动的罪犯,应当按照有关规定给予报酬并执行国家有关劳动保护的规定。"这表明女性已决犯的劳动报酬权受到法律的明确认可与保障。

3. 女性在押人员的押解

最高人民法院在2003年印发的《人民法院司法警察押解规则》中规定："女

性被告人由女性司法警察押解，男性被告人、女性被告人以及其他不宜同车乘坐的被告人均应分车提押。”《看守所工作规范》规定：“押解女性被押解对象，必须有女押解人员负责途中的生活管理。”《看守所条例》第 21 条规定：“押解人员在押解人犯途中，必须严密看管，防止发生意外。对被押解的人犯，可以使用械具。押解女性人犯，应当有女工作人员负责途中的生活管理。”这些规定的目的在于保障女性在押人员在押解过程中的人身安全，实质上是分别集中关押制度在押解阶段的贯彻。

4. 女性在押人员的日常监管

《看守所条例》规定：“看守所应当配备女工作人员管理女性人犯。”公安部监所管理局《看守所告知在押人员权利和义务的规定》中指出：“女性在押人员由女民警管理。女性在押人员、未成年在押人员、患病在押人员获得适当照顾。”公安部《看守所等级评定办法》也规定：“应当配备女民警管理女性在押人员。”《监狱法》第 40 条规定：“女犯由女性人民警察直接管理。”根据上述规定，在我国，无论是女性已决犯，还是女性未决犯都应当由女性监管民警直接管理，杜绝了男性监管民警直接接触女性在押人员的可能性。

5. 女性在押人员的身体检查

《看守所条例》第 11 条规定：“看守所收押人犯，应当对其人身和携带的物品进行严格检查。非日常用品应当登记，代为保管，出所时核对发还或者转监狱、劳动改造机关。违禁物品予以没收。发现犯罪证据和可疑物品，要当场制作记录，由人犯签字捺指印后，送案件主管机关处理。对女性人犯的人身检查，由女工作人员进行。”《看守所条例实施办法》第 6 条进一步规定：“看守所收押人犯时，看守干警必须对其人身和携带的物品进行严格检查，严防不利于看守所安全的物品带入监室。收押人犯时应当进行讯问，填写《收押人犯登记表》。收押人犯必须由二名以上工作人员执行。对女性人犯的人身检查，由女工作人员进行。”《看守所留所执行执行刑罚罪犯管理办法》规定：“收押罪犯时，看守所应当进行健康和人身、物品安全检查。对罪犯的非生活必需品，应当登记，代为保管；对违禁品，应当予以没收。对女性罪犯的人身检查，由女性人民警察进行。”公安部《看守所等级评定办法》：“对女性在押人员的身体检查由女性民警进行。对女性被送押人员进行人身检查时，必须由女民警或女性工作人员进行。”

《监狱法》第 18 条规定：“罪犯收监，应当严格检查其人身和所携带的物品。

非生活必需品，由监狱代为保管或者征得罪犯同意退回其家属，违禁品予以没收。女犯由女性人民警察检查。"监狱和看守所相关规定多次强调入所和收监时应当由女性工作人员对女性在押人员进行身体检查，体现了对这一问题的重视程度。

6. 女子监狱的布局

1998 年司法部、国家发展计划委员会制定的《监狱狱政警戒设施建设标准（试行）》规定："少年犯管教所和女子监狱，应选择在省会城市和交通方便的大中城市。"2010 年住房和城乡建设部、国家发展和改革委员会制定的《监狱建设标准》规定："新建监狱应当选择在临近经济相对发达，交通便利的城市或地区。未成年犯管教所和女子监狱应选择在经济相对发达、交通便利的大、中城市。"之所以作出这一规定，主要目的在于便利女性在押人员与亲属会见，同时也有利于女子监狱吸引更多的优秀管教人员。

7. 女子监狱建设标准

1998 年司法部、国家发展计划委员会制定的《监狱狱政警戒设施建设标准（试行）》规定："寝室男犯以 12～20 人为宜，女犯和少年犯以 8～12 人为宜。"2002 年由建设部、国家计委制定的《监狱建设标准》规定："监狱罪犯用房建筑面积指标，女子监狱厕所面积增加 0.04m^2/罪犯；女子监狱和未成年犯管教所学习用房面积乘以 1.5 系数，女子监狱和未成年犯管教所禁闭室面积按 80% 设置。"2010 年由住房和城乡建设部、国家发展和改革委员会制定的《监狱建设标准》规定："女子监狱厕所面积增加 0.04m^2/罪犯；女子监狱和未成年犯管教所教育学习用房面积乘以 1.5 系数，每间寝室关押男性罪犯不应超过 20 人，关押女性罪犯和未成年罪犯时不应超过 12 人，关押老病残罪犯时不应超过 8 人。"《监狱建设标准条文说明》进一步明确："监舍楼厕所标准如下：女厕所大便器每 10 人设一个，洗手盆和污水池各设一个，女厕每人使用面积为 0.42m^2，女子监狱和未成年犯管教所教育学习用房面积乘以 1.5 系数。"考虑到女性在押人员在生理方面的特殊性，对女子监狱的建设标准进行相应的修正，以真正满足女性在押人员服刑期间的生活需求。

8. 女性在押人员的谈话管理

《看守所条例实施办法》第 17 条规定："看守干警应当熟知所分管人犯的基本情况，包括姓名、年龄、性别、民族、相貌主要特征，家庭情况和住址，主要案情，逮捕拘留前的工作单位、职业,有无前科等。通过观察、交谈、向办案人员了解情况等方法,随时掌握人犯的思想动态。对女性人犯的谈话教育,由女干警或者二名以上干警进行。”公安部《看守所等级评定办法》规定:“对女性和未成年在押人员,采取适合其心理、生理特点的管理方式。对女性在押人员的谈话教育,由女民警或者两名以上民警进行。”作为有效的监管手段,谈话对于缓解女性在押人员的心理压力发挥着不可替代的作用,但为了避免发生意外,对谈话民警的性别需要进行特别规范。

9. 女性在押人员家庭生活问题

2011 年公安部监所管理局《关于推进看守所管理机制创新的通知》规定:“推行在押人员视频会见。按照方便在押人员家属和提高看守所工作效率的原则,推行在押人员进行视频会见。对犯罪嫌疑人、被告人,可在看守所安装单向视频会见系统,方便家属来所时单向会见;对罪犯,可以通过互联网实行视频双向会见。”公安部《看守所等级评定办法》:“根据在押人员的案件性质、情节以及羁押期间的表现,采取不同的管理方式,建立科学管理模式,强化管理效能。”

《看守所留所执行刑罚罪犯管理办法》第 58 条规定:“罪犯需要办理婚姻登记等必须由本人实施的民事法律行为的,应当向看守所提出书面申请,经看守所领导批准后出所办理,由二名以上民警押解。”公安部监所管理局对看守所留所服刑罪犯请假办理结婚手续如何处理的答复:“结婚是公民的一项民事权利。留所服刑罪犯服刑时间期间如申请结婚,应当允许其办理结婚手续,但应保证监管安全。具体事宜商当地民政部门办理。”

(三)女性在押人员的构成与管理情况

针对我国女性在押人员的构成状况,本课题组通过问卷调查、综合访谈、现场观察三种方式对 A、B 两所监狱的女性已决犯和 C、D、E 三所看守所的女性未决犯进行了深入的调查研究,从以下 5 个方面剖析其构成现状及成因。

1. 涉嫌罪名

(1)暴力犯罪①与非暴力犯罪

我们的调研数据显示,女性在押人员暴力犯罪仅占到女性犯罪的 13.04%,女性在押人员非暴力犯罪占到了女性犯罪的 86.96%。女性由于自身先天条件

---

① 此处暴力犯罪包括:故意杀人、故意伤害、绑架、聚众斗殴、黑社会组织犯罪等。

的限制,通过暴力行为进行犯罪相较男性要少得多,根据我们调研的数据得知男性暴力犯罪占到了男性犯罪的32.64%。女性在押人员进行暴力犯罪,其犯罪原因是多种多样的,具体包括:①因遭受家庭暴力而实施的犯罪。这部分女性文化程度整体偏低,法制观念淡薄,女性维权意识低下,一旦受到伤害为了保护自己往往铤而走险采取极端手段,其中以D看守所尤为明显,因为家庭暴力而实施的故意杀人、故意伤害案件占到该所女性犯罪的18%,占到了女性暴力犯罪的13.33%;②因婚外情、恋爱关系、同居关系、邻里纠纷或其他不良人际关系而引起的报复犯罪。当女性处于月经期、怀孕期、产期、哺乳期和更年期时,会出现植物性神经功能紊乱,大脑皮层控制失调等症状,导致心烦易怒,情绪失控,这时遇到不良刺激很容易冲动,容易形成狭隘、猜疑、嫉妒、偏执的心理,进而诱发犯罪;③还有就是由于暴力文化的影响,追求刺激造成的犯罪。女性依附心理强而自我保护能力差,并常常受周围人的暗示,服从于权威,缺乏主见和掌握自我命运的能力,容易依附上道德品行不端、热衷逞凶斗狠的人,受其熏陶,寻求刺激而犯罪。

(2)毒品[①]类犯罪

我们的调研数据显示,普通刑事犯罪在女性犯罪中占据了很大比率,其中毒品类犯罪占到女性犯罪的41.88%,占到女性非暴力犯罪的48.17%,其中以B监狱和D看守所尤为严重,毒品类犯罪占到了女性犯罪的50.66%,女性毒品犯罪总量居高不下主要有以下原因:①毒品犯罪所能够带来的巨大利润成了她们实施犯罪的主要动因,根据D看守所民警介绍:"毒品的利润高达500%,对于大多数没有工作和生活来源的贫苦人群来说,这是他们致富的捷径";②由于妇女生理和心理特征所特有的隐蔽性和欺骗性,且我国刑法、刑诉法对怀孕妇女的特别规定,致使女性大量参与到贩毒活动中来;③参与毒品犯罪的妇女中文盲和小学以下文化程度的占绝大多数,她们往往对毒品犯罪的严重危害性及其行为的严重后果缺乏认识,容易被利用,根据B监狱监管民警介绍,由于地处西部边远山区,教育状况十分落后,对于绝大多数是文盲的她们,替别人运输毒品,是她们赖以谋生的工作,她们并不认为这有多么可耻,也意识不到所造成的社会危害性。

---

① 此处毒品类犯罪包括:非法持有毒品、运输、贩卖毒品、容留他人吸毒等。

(3)财产类[①]犯罪

我们的调研数据显示,财产类犯罪占到了女性犯罪的22.32%,尤其在C看守所显得更加突出,该所女性财产类犯罪占到了该所女性犯罪总量的31.69%,仅次于毒品犯罪。该类犯罪的成因主要是:这类女性多数爱慕虚荣,相互攀比,追求享乐主义,有着以自我为中心的扭曲的世界观、人生观、价值观,法制观念淡漠,多存在侥幸心理,铤而走险违法犯罪。当自己对物质方面的要求超过其合理收入的范围时,或者是当自己不能用正当的途径来解决自己对物质的欲望时,往往就采用一些不正当的手段去获取,如盗窃、诈骗、敲诈勒索等,而且行为手段表现为多次进行。这类案件在东部经济发达的大城市尤为明显,外来人口居多,工作压力大,工资待遇低,非分的物质占有欲促使其常采用偷、骗、或威胁的手段来夺取他人的钱财物品。

(4)女性涉性[②]犯罪

笔者的调研数据显示,女性涉性犯罪的占到女性犯罪的4.06%,女性涉性犯罪主要是因为:①大众媒体的不良影响。目前,社会媒体很多都带有色情、淫秽等色彩的垃圾文化,女性多具有依附心理,服从权威,因而很容易受到社会上各类媒体的暗示的影响。一些女性没有正当职业也没有谋生的技能,她们受此种社会现象的影响,加之爱慕虚荣、贪图享乐的心理,就容易走上涉性犯罪的道路。②性别歧视的影响。女性由于生理条件限制,在当前激烈的社会竞争中明显处于劣势,就业受到歧视,失业比例明显高于男性,绝对的贫穷促使其进行“非法勾当”。③依附心理强而自我保护能力差。一部分女性社会经验不丰富,是非判断能力差,很容易依附上道德品行不端的人,误入贼船,不能自拔,失足后又引诱、介绍其他女性走上不归路。

(5)职务类[③]犯罪

我们的调研数据显示,女性职务类占到了女性犯罪总量的3.33%,女性职务犯罪以贪污、挪用公款的案件居多,这与女性所从事的多为直接经手或管理国有财产的职位有一定的关系,由于女性具有做事认真、细致的特点,大多数单位的

---

① 此处财产类犯罪包括:盗窃、诈骗、抢夺、抢劫、非法集资、敲诈勒索、非法吸收公众存款等。

② 此处涉性犯罪包括:介绍卖淫、容留她人卖淫、协助组织卖淫、强迫卖淫等。

③ 此处职务类犯罪包括:贪污、受贿、挪用公款、徇私舞弊、玩忽职守等。

财务管理工作由女性担任，这种岗位的特殊性也为女性“利用职务之便”进行犯罪提供了契机。女性职务犯罪者一般具有较高的学历，此次参与调查问卷的23名女性，基本上都是大专以上学历。女性进行职务犯罪的主要原因有：①在女性职务犯罪主体中，有相当的女性意志薄弱、虚荣心强，经不起各种诱惑的考验，在遇到他人的引诱或外界环境的不良影响时不能抵御和克服，进而产生犯罪动机，走上犯罪的道路；②女性易受感情因素影响，在女性职务犯罪案件中，基于亲情、爱情而引发犯罪者占有较大的比重；③女性一般情况下，都不是单位主要负责人，而是会计或出纳，会出于对领导的盲从或者是来自于领导的压力而被动的成为领导实施不法行为的工具。

2. 已婚与未婚

对D看守所的未决犯和B监狱的已决犯共计458名女性在押人员的调查中发现，已婚的占到了犯罪女性的62.88%，单身（包括结婚后又离婚的）的占到了犯罪女性35.81%（见表10－2），其中对于B监狱的已决犯，离婚的占到女性犯罪的35.86%，根据B监狱的民警反映：“对监狱里的女性来说，要不要离婚不是个问题，会不会离婚才是问题，大多数女犯心里并不愿意离婚，但在这个问题上男方掌握了很大的主动权。另外，女性在押人员在狱中婚姻状态是否稳定，和其个体背景有很大关系，因职务犯罪入狱的、刑期在10年以下的、文化素质较高的，相对较少遭遇婚姻上的动荡。婚姻关系最不稳定的，主要是未婚同居有了小孩的，或者无固定职业、文化素质不高的。从年龄上看，年轻服刑人员更容易离婚，她们常常担心另一半在外面有外遇，感情更不稳定。”

表10－2　B监狱和D看守所女性在押人员婚姻情况

类别	人数（人）	百分比（%）
已婚	288	62.88
单身	164	35.81
空白	6	1.31

3. 年龄

从表10－3可以看出，18～30岁的占到了女性犯罪总量的26.23%，30～50岁的占到了女性犯罪总量的63.62%，中青年（本文指18～50岁的女性）是当前女性罪犯的主体，这部分女犯具有实施犯罪的能力强、犯罪空间大，社会危害重等特点。

表 10－3　B 监狱和 D 看守所女性在押人员年龄情况

类别	人数(人)	百分比(%)
18 岁以下	9	1.30
18～30 岁	181	26.23
30～50 岁	439	63.62
50 岁以上	61	8.84

女性犯罪因为年龄阶段不同,犯罪成因也迥然各异,女性未成年人犯罪虽然只占到女性罪犯的 1.30%,但不容忽视。女性未成年人犯罪的主要原因有:(1)女性未成年人由于生理、心理的不成熟,易受到外界不良环境、不良风气影响,被引诱、利用参加共同犯罪行为的情形较多;(2)受女性未成年人的不良家庭关系的影响,这些未成年女犯或者是从小父母离异,家中无人管教,缺乏家庭亲情关爱和温暖,或者是家庭经济条件较好,家中只有一个孩子,娇生惯养、不服管教,又或者是父母外出打工,由(外)祖父母抚养,无力管教。18～30 岁的占到了女性罪犯总量的 26.23%,这部分罪犯也就是通常称为“80 后”“90 后”的年轻人。说她们身处我国社会发展的大变革时期,其犯罪原因也就根植于这个时代:(1)道德感责任感淡漠,极端个人主义导致犯罪,本课题组在调研过程中,问及怎样看待对家人和他人造成的伤害时,大多数表示没想那么多;(2)爱慕虚荣、贪图享乐引发犯罪;(3)意志薄弱,无法抵制诱惑而犯罪,因为结交不良青年而染上毒瘾,进而为了筹集毒资盗窃、抢劫、诈骗、贩毒的不在少数。30～50 岁的占到了女性犯罪总量的 63.62%,这部分女性在押人员,无论是犯罪原因、犯罪动机还是所犯罪行为,都呈现出多样性、复杂性,很难简单的归类。其中较大的因素包括因婚姻家庭暴力而导致的杀人、报复和因贪图金钱引发的挪用公款、诈骗、拐卖等。

4. 是否初犯

对 D 看守所和 B 监狱的 458 名女性在押人员的调查发现,女性在押人员初犯的占到了女性罪犯的 89.96%(见表 10－4),不是初犯的仅占女性犯罪的 7.21%。女性在押人员多为初犯、偶犯、单一犯。女性犯罪中,累犯及具有前科者相对较少,犯罪多表现为对法律知识欠缺的无意识犯罪及临时起意的偶发性犯罪,预谋犯罪者所占比例较小,且共犯较少,其中共犯多以夫妻为主。法律知识的欠缺和生活压力的双重叠加,致使女性在不自觉中走上犯罪道路,而侥幸心理与贪图钱财心理的双重影响,也促使女性偶然犯罪。

表 10－4　B 监狱和 D 看守所女性在押人员是否初犯情况

类别	人数(人)	百分比(%)
初犯	412	89.95
不是初犯	33	7.21
空白	13	2.84

5. 是否有子女

对 D 看守所的未决犯和 B 监狱的已决犯共计 458 名女性的调查中发现,女性在押人员有子女的占到了女性犯罪的 63.32%(见表 10－5),没有子女的仅占到女性犯罪的 34.28%。女性在家庭中的地位特殊,任何一个家庭如缺少了家庭主妇便失去了温暖和幸福,尤其对于未成年子女的成长将造成无法弥补的创伤,特别是因家庭暴力导致的女性故意杀人、故意伤害罪犯中,这部分女犯入监后,一方面,家境大多陷入困难境地,孩子成了失去父母关爱的孤儿,过早地结束了幸福的童年,有的失学流浪街头,成为乞儿,有的甚至被流氓团伙吸纳利诱走上犯罪的道路;另一方面,这部分女犯失去了婚姻家庭的幸福,多数被亲人抛弃,长年无人接见,加之刑期较长,等刑满释放时,大多青春已逝,儿女不亲不认,自觉前途灰暗因而失去改造的信心。

表 10－5　B 监狱和 D 看守所女性在押人员子女情况

类别	人数(人)	百分比(%)
有子女	290	63.32
无子女	157	34.28
空白	11	2.40

(四)我国当前女性在押人员权利保障情况分析

女性由于其生理和心理方面的特征,加之其特殊的社会与家庭的角色定位,决定了对处于羁押和监禁状态的女性未决犯和女性已决犯都应当给予与男性在押人员不同的处遇措施,方能在羁押场所这一高度封闭场所内实现实质意义上的男女性别平等。正是基于这一原因,联合国大会在《囚犯最低待遇标准规则》

的基础上，制定了《曼谷规则》，作为引领世界范围内女性在押人员权利保障水平提升的指导性文件。《曼谷规则》在关注女性在押人员在押期间的基本权利保障的同时，重点关注女性因性别差异所产生的生理及心理层面的特殊权利需求的保障，这对于提升我国的女性在押人员权利保障水平具有重要的借鉴意义。

1. 女性在押人员的生理卫生健康权

(1) 哺乳与怀孕的妇女是否关押

女性因其在繁衍后代中所承担的独特角色，决定了处于怀孕期和哺乳期的女性不仅需要维系自身的健康，同时还担负着孕育和抚养子女的重任。此时对其采取的权利限制措施，很有可能影响到胎儿和婴儿的发育和成长。而看守所和监狱因其高度的封闭性，往往并不具有适宜孕妇和处于哺乳期妇女及其婴儿生活的条件。这种情况下为避免施加于怀孕和哺乳期妇女的羁押和监禁转变成为对胎儿及婴儿的惩罚，根据人道主义原则，必然要对怀孕和哺乳婴儿的妇女的羁押与监禁进行特别的考量，以实现羁押和监禁与保护怀孕和哺乳期妇女及其胎儿和婴儿权益之间的平衡。

孕妇和哺乳期的妇女身体往往较为虚弱，而且其身体健康状况对胎儿及婴儿的发育和成长影响重大，为避免羁押及监禁对其造成不可挽回的身体和精神损伤，《曼谷规则》规定："在收监之前和收监时，应允许负有养育子女责任的妇女为子女做好安排，考虑到儿童的最高利益，包括在可能情况下留出一段合理的暂不拘押时间。"这一规定的着眼点在于对儿童权益的关注，由于母亲，尤其是哺乳期阶段的母亲，对于儿童的健康成长具有不可替代的重要作用。因而，对于非必要立即羁押和监禁的，应当允许其妥善安排子女的生活。

我国当前相关法律规定，在对于怀孕及哺乳期的妇女采取强制措施或收监改造时也分别予以特别关照。其内容可以分为以下两个方面。

一是女性未决犯在适用强制措施过程中，对怀孕或正在哺乳自己婴儿的妇女一般不得羁押，而应当采取取保候审、监视居住等非羁押性强制措施。例如，《刑事诉讼法》第 67 条规定，怀孕或者正在哺乳自己婴儿的妇女，采取取保候审不致发生社会危险性的可以采取取保候审；第 72 条规定，符合逮捕条件的怀孕或者正在哺乳自己婴儿的妇女可以予以监视居住而不被逮捕；最高人民法院《关于适用〈中华人民共和国刑事诉讼法〉的解释》第 133 条也规定，人民法院对被逮捕的被告人存在怀孕或者正在哺乳自己婴儿的情形，可以变更强制措施。《看守所条例》第10条规定,怀孕或者哺乳自己婴儿的妇女看守所不得收押,这一规定意味着刑事诉讼中不得采取拘留、逮捕的羁押措施,因为看守所作为唯一合法羁押地点是不能收押此类妇女的。

二是对于被判处有期徒刑和无期徒刑的女性已决犯,如果其怀孕或正在哺乳自己的婴儿,可以予以暂予监外执行。《刑事诉讼法》第265条规定,怀孕或者正在哺乳自己婴儿的妇女,被判处有期徒刑或者拘役的可以暂予监外执行,并且特别强调,对被判处无期徒刑的罪犯,存在怀孕和正在哺乳自己婴儿的情况,也可以暂予监外执行。《公安机关办理刑事案件程序规定》第296条规定,对依法留所执行刑罚的罪犯中怀孕或者正在哺乳自己婴儿的妇女,可以暂予监外执行。

总体而言,我国在对怀孕和正在哺乳自己婴儿的妇女原则上不采取羁押性强制措施,也一般不将其收监执行刑罚,而是等待其哺乳期满之后,再适用剥夺其人身自由的强制措施和刑罚。相较于《曼谷规则》的规定,我国关于怀孕和正在哺乳自己婴儿的妇女的非监禁措施适用范围更为广泛,之所以出现这一情况,一个很重要的原因就是根据我国《监狱法》第19条的规定,服刑人员不得携带子女在监内服刑。这与其他国家允许女性服刑人员在监狱内抚育子女的规定有所区别,因而为了保障怀孕和正在哺乳自己婴儿的妇女及胎儿和婴儿的权益,我国采取的是一律不予监禁的方式。

课题组在调研过程中发现,我国当前关于怀孕和正在哺乳自己婴儿的妇女的羁押和监禁问题上,各地看守所和女子监狱都严格执行法律规定,对这类女性在押人员一律不予收监。[①] 据D看守所的监管民警介绍:"对于侦查机关移送的女性在押人员不仅要求侦查机关在移送前体检中对其进行孕检,在收监之后,看守所还要组织对女性在押人员进行妊娠检查,发现怀孕的立即向侦查机关提出变更强制措施的建议。"据B女子监狱管教民警介绍:"对于怀孕和正在哺乳自己婴儿的女性已决犯,法院一般会在宣告判决的同时,宣布对其暂予监外执行。监

---

① 司法实践中的例外情形为,判处死缓的女犯如果在审判时没有发现妇女怀孕,死缓判决生效后,投送到监狱服刑时发现女犯怀孕的,女子监狱根据刑事诉讼法的规定仍需要对其关押,参见杨木高:《中国女犯矫正制度研究》,南京大学出版社2012年版,第96页。另外1996年《刑事诉讼法》第214条规定,判处无期徒刑的妇女无论是否怀孕都应当收监,因此在司法实践中存在着零星个案,监狱收押并安排怀孕女犯在监管场所服刑,生产后短期哺乳,参加前文引注。值得说明的是,2012年刑事诉讼法修改过程中增加规定判处无期徒刑的怀孕或哺乳自己婴儿的妇女可以暂予监外执行,按照这一新规定,可以预见今后司法实践中怀孕或哺乳自己婴儿的妇女原则上不会在监狱中服刑。

狱对于收监的女犯要再次进行妊娠检查,发现怀孕的会及时做出暂予监外执行的决定。"由此可见,我国对于怀孕和正在哺乳自己婴儿的妇女的合法权益的尊重与保障是十分充分的,体现了刑事诉讼和刑罚执行中的人道主义精神。值得注意的是,司法实践中也有违法女性"利用法律"逃避羁押,尤其是毒品类犯罪的女性,根据 D 看守所的监管民警介绍:"某女性未决犯因涉嫌毒品犯罪,入所后发现其怀有身孕,按照要求对其取保候审,但她出去后很快妊娠,之后与第四任男友同居,取保候审期满入所后 28 天,又发现她怀有身孕,不得不取保候审。她现在有 4 个未成年孩子,没人管养,法院通过协调职能暂时安置在福利院。"

课题组对 C 看守所和 E 看守所的共计 8 名女性监管民警所进行的问卷访谈也发现对于哺乳或怀孕的妇女在司法实践中是一律不予关押的。这与课题组访谈观察所得出的结论完全一致,进一步说明我国当前对于怀孕和哺乳自己婴儿的女性是一律不予收押的。①

(2)女性在押人员个人卫生护理用品获取与供应热水、特殊营养品

女性因其特殊的生理特征,决定了其在经期等特定时期对于个人卫生护理用品及热水的特殊需求。看守所和监狱由于具有高度的封闭性,其生活便利性与正常的社会环境不可完全等同,因而女性在押人员在被羁押和监禁期间个人卫生护理用品和热水的充足供应完全取决于看守所和监狱的保障水平。为保障女性在押人员对于个人卫生护理用品、热水的需求,《曼谷规则》规定:"女性囚犯的囚所应具备满足妇女特殊卫生需要所要求的设施和物品,包括免费提供卫生巾和正常供水以供儿童和妇女个人护理之用,尤其是对烹制食品的妇女和怀孕、哺乳或者例假时的妇女。(规则 5)"

我国当前相关法律法规中虽未对女性在押人员个人卫生护理用品的获取及热水供应问题进行明确规定,但根据课题组的实地调研发现,女性在押人员这一基于性别的特殊需求得到了较好的保障。

首先,关于个人卫生护理用品的获取,我国当前女性在押人员获取卫生巾的方式主要是由在押人员自己出资在看守所和监狱设置的超市内购买。以 B 女子

① 当然这里需要继续讨论的问题是这种做法是否意味着剥夺了女性在押人员作为一名女性所天然享有的生育权,因为禁止收押怀孕和哺乳自己婴儿的妇女,也就意味着女犯不得在监禁期间怀孕和哺乳,这一问题也应当审慎考虑。

监狱为例,该监狱中的女性服刑人员根据所处监管级别不同[①],每月至少有一次购物的机会,每次购物限额为200元,超市内提供的卫生巾品种较为固定,选择的都是市面上价位适中的品牌。课题组访谈的女性已决犯均表示可以利用购物的机会获取个人所需卫生巾,资金来源主要为家属提供。对于个别经济贫困,无力购买卫生巾的女性在押人员,看守所和监狱一般会通过无偿提供的方式给予帮助。这些免费卫生巾的来源既有监狱和看守所民警的捐助,也有来自妇联、慈善机构等社会组织的捐助。以D看守所为例,该看守所联合当地妇联为家庭困难的女性在押人员提供捐助,对于看守所确定的援助对象,市妇联定向捐助卫生巾等个人生活必需品。

课题组调研中对B监狱和C、D看守所的女性在押人员获取卫生巾情况所进行的问卷调查得出的结果与上述结论基本一致。(具体结果见表10-6)

表10-6　B监狱和C、D看守所女性在押人员获取卫生巾情况

类别	人数(人)	百分比(%)
能,但需要花钱购买	577	96.17
能,免费提供	18	3.00
不能	5	0.83

虽然与《曼谷规则》所确定的免费提供尚存在一定差距,但我国当前女性在押人员获取卫生巾的渠道是得到充分保障的,对于个别经济困难的女性在押人员也通过社会捐助等形式给予必要的帮助。

其次,关于女性在押人员的热水供应情况,课题组在调研过程中通过对看守所、监狱相关硬件设施的参观查看,以及对女性在押人员的访谈和监管民警的座谈发现,我国当前女性在押人员的热水供应标准限于能够满足饮用需求,洗澡则需要看守所和监狱的定期安排,日常洗漱和洗衣时的热水供应尚不能得到充分保障。

以B女子监狱为例,根据规定,该监狱内每名服刑人员每天可以供应一暖瓶

① 该监狱根据服刑期间长短及日常表现等因素将服刑人员分为严管、普管和宽管,其中宽管又进一步细分为一级宽管和二级宽管,所处监管级别不同,所能享受的待遇也有所不同,例如在会见、购物等方面都有所区别。

开水,主要用于在监室内生活期间的饮用,白天工作时段内的饮水可以直接在生产车间内获取,数量不限,洗澡则为每三天至四天一次。访谈中,该监狱的女性已决犯反映,监狱所提供的一瓶开水能够满足饮用的需求,但是冬天需要洗漱、洗衣服时则明显不足。D看守所内访谈的情况也基本类似,该看守所在每个监室内设有两个水龙头,分别提供热水和冷水,洗澡每周一次。据该看守所监管民警反映,由于锅炉房硬件设备不足,无法实现全天供应热水,每天只能分早中晚三次集中统一供应热水,所供应的热水也只能用于饮用。由于暖瓶被认为是危险品,为防止发生意外,该看守所禁止监室内存放暖瓶,在押人员没有储存热水的工具,只能在集中提供热水时饮用,并利用杯子储存部分饮用水。据该看守所的在押人员反映,热水的供应能够满足饮用需求,但是在洗漱和洗衣服时则不能使用热水,在经期等特殊时期尤其不便。

课题组调研中对B监狱和C、D看守所的女性在押人员获取热水情况所进行的问卷调查得出的结果与上述结论基本一致。(具体结果见表10－7)

表10－7　B监狱和C、D看守所女性在押人员获取热水情况

类别	人数(人)	百分比(%)
能充足供应	245	40.83
还可以	215	35.83
供应不够充足	140	23.33

课题组在其他看守所和监狱的调研情况与上述两地所反映情况基本一致,由此可以判断,我国当前女性在押人员在羁押和服刑期间均能获得足够的饮用热水,但是经期及冬季洗漱和洗衣服则不能保证充足的热水供应,这对于女性的身体健康会造成一定的影响。针对这一问题,一方面需要加强硬件设施建设,提高看守所和监狱的热水供应能力;另一方面还需要加强对女性在押人员特殊需求的关注度,不能仅仅因存在一定风险就完全剥夺女性在押人员储存热水的能力,应当提高管理思路和措施的人性化水平。

(3)特殊的体检与医疗安排

女性在押人员由于长时间处于被羁押和监禁状态,生理和心理都承受较大压力,很容易出现健康问题。尤其是作为女性,其生殖健康方面的特殊需求,需要给予必要的妇科医学检查。为有效保障女性在押人员的身体健康,《曼谷规则》对女性在押人员在医疗卫生服务方面的待遇做了详尽的规定。主要内容包括：

女性囚犯的健康检查应包括全面检查，以确定初级保健需要，同时还应确定：(a)是否患有性传播疾病或血液传播疾病；视风险因素，还可为女性囚犯提供艾滋病毒检测，附带检测前及检测后咨询辅导；(b)心理保健需要，包括创伤后紧张错乱症及自杀和自残风险；(c)女性囚犯的生殖健康史，包括目前或最近是否怀孕、分娩以及任何相关的生殖健康问题；(d)是否存在药物依赖性；(e)在收监之前是否可能遭受性虐待以及其他形式的暴力侵犯。(规则6)

1. 应为女性囚犯提供与性别相关的保健服务，至少应等同社区提供的服务水平。2. 如果女性囚犯要求女性医生或护士对其进行检查或治疗，应尽可能为其安排女性医生或护士，急诊情况除外。(规则10)

女性囚犯应接受有关预防保健措施的教育和信息，包括预防艾滋病毒、性传播疾病和其他血液传播疾病以及妇女特有疾病。(规则17)

应为女性囚犯提供与社会中同龄妇女相同的特别针对妇女的预防保健措施，例如宫颈巴氏涂片以及乳癌和妇科癌检查。(规则18)

我国当前相关法律法规中对女性在押人员进行健康检查的规定较少，主要是1998年司法部劳改局关于印发《全国女犯座谈会纪要》的通知中指出应当针对女犯生理特点设置必要的医疗器材，定期体检，并配备女医生。此外，对在押人员的健康检查的一般性规定还包括，《看守所条例》中规定，看守所收押人犯，应当进行健康检查；《看守所留所执行执行刑罚罪犯管理办法》规定，收押罪犯时，看守所应当进行健康和人身、物品安全检查。《公安部关于规范和加强看守所管理确保在押人员身体健康的通知》中规定看守所收押犯罪嫌疑人、被告人，必须由医生进行健康检查，健康检查的项目为：血压、血常规、心电图、B超、胸片等；问诊的项目为：目前身体状况、以往病史、药物过敏史、家族病史等。看守所医生应当每日上、下午各巡诊一次，逐监室了解在押人员身体健康状态。在押人员每羁押超过6个月后，看守所应当按照入所健康检查的标准对其进行一次健康检查。《监狱法》第17条规定，“罪犯被交付执行刑罚，符合本法第十六条规定的，应当予以收监。罪犯收监后，监狱应当对其进行身体检查。经检查，对于具有暂予监外执行情形的，监狱可以提出书面意见，报省级以上监狱管理机关批准。”第54条规定，“监狱应当设立医疗机构和生活、卫生设施，建立罪犯生活、卫生制度。罪犯的医疗保健列入监狱所在地区的卫生、防疫计划。”

总体来说，我国当前关于女性在押人员的特殊身体检查，尤其是妇科检查的受重视程度明显不足，并没有对女性在押人员特殊的妇科体检要求进行充分的保障。调研过程中，通过与看守所、监狱的监管民警的座谈及对女性在押人员的访谈，以及对看守所和监狱医疗场所的实地观察也验证了这一判断。根据女性在押人员反映，她们在入监和入所之前要接受身体检查，每年基本也要接受一次身体检查，检查的项目主要包括血检、尿检、胸透，血压检查等，但是没有接受过专门且全面的妇科检查。

课题组对B监狱和C、D看守所的女性未决犯和已决犯接受体检情况的问卷调查所获取的数据反映，有近40%的女性在押人员从未接受过针对女性妇科健康和疾病专门的体检，这与访谈中所获取的信息基本一致。（具体情况见表10-8）

表10-8 B监狱和C、D看守所女性在押人员接受体检情况

类别	人数（人）	百分比（%）
参加过一次	281	43.77
参加过两次以上	125	19.47
从未参加	236	36.76

此外，女性在押人员平时如果身体有所不适可以随时向监管民警反映，到医务室接受治疗，不需要支付费用，重大疾病可以转院治疗，尽量安排自费，如果家属确实无力承担，监狱或看守所也会付费。

关于看守所和监狱内医疗场所的建设，课题组调研的所有看守所和监狱均设有专门的医务室，并配备有专职医生。例如，C女子监狱的医务室配有两名女性专职医生，专门为女性已决犯提供医疗服务。另外，根据监管民警反映，对于女性在押人员在收监之后都要进行专门的艾滋病筛查，发现携带艾滋病毒的女性在押人员要及时进行治疗。另外，为给女性在押人员提供相应的医疗保障，监狱也寻求通过社会保障体系提高保障水平，例如，A女子监狱就通过将全部服刑人员参加农村大病统筹体系当中，为服刑人员的大病医疗提供资金保障。

需要注意的是，《曼谷规则》对于女性在押人员妇科保健待遇的标准设定为与社区同等标准，而具体到我国，受制于社会经济发展水平，对女性妇科保健的社区标准本身设定较低,这也是当前女性在押人员妇科专门保健水平不高的一个重要宏观社会背景。我国当前女性妇科保健的专门规定主要包括,《女职工保健工作规定》中规定,各单位每1~2年要对更年期女职工进行一次妇科疾病的查治。《中华人民共和国人口与计划生育法》第33条规定,"计划生育技术服务机构和从事计划生育技术服务的医疗、保健机构应当在各自的职责范围内,针对育龄人群开展人口与计划生育基础知识宣传教育,对已婚育龄妇女开展孕情检查、随访服务工作,承担计划生育、生殖保健的咨询、指导和技术服务。"此外一些地方性规定,对女性妇科健康检查也有所涉及,例如,《北京市为户籍适龄妇女提供子宫颈癌、乳腺癌免费筛查实施方案》中规定,按照自愿原则,为本市40~60岁妇女提供乳腺癌免费检查,为本市25~65岁妇女提供子宫颈癌免费检查。上述规定表明,由于地域差别较大,我国为女性提供免费的专门妇科普查和宫颈癌、乳腺癌等妇科疾病的专门筛查等尚未在全国范围内广泛展开,这决定了女性在押人员在接受妇科专门检查方面不可能享受高于平均水平的待遇。况且,专门的妇科检查针对的也只是更年期的女性职工,覆盖面非常狭窄。因此,想要提高女性在押人员在妇科专门检查方面的权利保障,有效提高社会整体女性妇科保健水平是基础性条件,只有在这一基础上的同等原则才有意义。

2. 女性在押人员的婚姻权与家庭联络权问题

女性作为家庭结构中扮演着妻子、母亲等重要角色,对于家庭的维系承担着不可替代的责任,因而其对家庭的依赖感相较于男性也更强。一旦被羁押或监禁,其与家庭之间的联系会被隔绝,这种人为的强行分离,会使女性在押人员遭受巨大的心理压力。其对家庭的思念,尤其是对子女的牵挂会严重影响其在押期间的生活状态。同时,作为重要的家庭责任承担者,女性一旦被羁押和监禁,对其他家庭成员也会造成严重影响,尤其是该女性在押人员的未成年子女,母亲角色的缺位无疑会对其正常成长带来严重的负面影响。对于重刑女犯子女的权利保护,我们不仅应重视他们的生活、受教育以及就业等方面的权利,更应该关注重刑女犯子女在一个母爱缺失的家庭,在心理发展等问题上所面临的困难。①因而对女性在押人员婚姻权及家庭联络权利的保障,不仅是对女性在押人员自

① 李朝开、欧阳安:《云南重刑女犯子女权利保护的现状及对策研究》,载《云南民族大学学报》(哲学社会科学版)2009年第4期。

身权利的保障,同时对于维系家庭这一社会基本构成单位的稳定和未成年子女的健康成长也是有效的保障。

出于对女性在押人员婚姻权及与家庭联络权的保障,《曼谷规则》规定了大量与之相关的规定。具体包括:

1. 被收监妇女的子女人数以及具体个人信息,应在收监之时加以记录。在不影响母亲权利的情况下,此类记录应至少包含子女的姓名、年龄,若不与母亲在一起,还应包含其住址及其受抚养或受监护状况。2. 与这些子女身份相关的所有信息都应保密,此类信息的使用应始终遵守考虑到儿童最高利益这一要求。(规则3)

应尽可能将女性囚犯分配至靠近其住家或者社会康复场所的监狱,考虑她们的养育责任,以及每个女性囚犯的个人倾向以及是否有适当的方案和服务。(规则4)

对女性囚犯实施的惩戒性制裁不应包括禁止与家人联系,尤其是与子女联系。(规则23)

应通过一切合理方式鼓励和便利女性囚犯与其家人接触,包括与其子女以及子女监护人和法律代表接触。在可能情况下,应采取措施抵消拘押在离家较远监所中的女性面临的不便条件。(规则26)

在允许配偶探视的情况下,女性囚犯应能与男性平等地行使这一权利。(规则27)

涉及子女的探视,应在有利于创造良好探视经历的环境中进行,包括工作人员的态度,并应允许母亲和子女之间的公开接触。在可能情况下,应鼓励与子女接触时间较长的探视。(规则28)

监狱管理部门应鼓励并在可能情况下便利对女性囚犯的探视,以此作为确保她们心理健康和重新融入社会的重要前提。(规则43)

概括而言,《曼谷规则》对于女性在押人员婚姻权及家庭联络权保障的内容主要包括以下两个方面:一是监狱应当主动询问并记录女性在押人员的家庭信息,尤其是未成年子女信息,并对这些信息严格保密。二是应当将女犯安排在离家较近的监狱,保障并鼓励其与家庭成员,尤其是配偶和子女的会见。

就对家庭子女信息的询问和关照而言,调研中课题组发现,无论是看守所还是监狱都会对女性在押人员的家庭情况,尤其是子女情况进行掌握,并给予必要的关照。访谈的所有女性在押人员都明确表示在收监之后,监管民警都及时向其了解家庭情况,尤其是子女的照料和安置情况。与看守所和监狱监管民警的座谈也验证了这一情况。根据她们反映,当前女性在押人员未成年子女的妥善安置问题较为突出,尤其是当女性在押人员的配偶同时在服刑或者为单身母亲时这一情况尤为突出。例如,在B女子监狱,一名访谈对象曾对课题组成员说:"由于所涉罪名为故意杀人,而杀害的对象又是自己的丈夫,因而在被判刑之后,家中公婆年事已高且很快就去世,也没有别的亲戚可以照顾孩子,所以她的三个未成年子女先后辍学,完全自谋生路。"根据调研情况反映,出于对子女的关爱和牵挂,其子女安置情况对女性在押人员的情绪稳定发挥重要的影响作用。

为避免因母亲服刑而使其未成年子女缺乏必要的关爱而无法健康成长,看守所和监狱在及时询问掌握女性在押人员家庭子女情况的同时,还应当积极配合协调民政部门等加强对这类未成年人的关爱和帮助。例如,2010年,司法部、中央社会治安综合治理委员会办公室、公安部、民政部、财政部、人力资源和社会保障部、国家税务总局、国家工商行政管理总局、中国人民银行、共青团中央、中华全国妇女联合会关于贯彻落实《中央办公厅、国务院办公厅转发〈中央社会治安综合治理委员会关于进一步加强刑满释放解除劳教人员安置帮教工作的意见〉的通知》的实施方案规定:"监狱、劳教所每年至少两次排查服刑在教人员中存在未成年子女失学、家庭婚姻关系出现危机、长期无人探视等情况,通过刑释解教人员信息管理系统通知其户籍地或居住地的县级安帮办。县级安帮办协调民政、教育等部门及乡镇(街道)人民政府(办事处)解决服刑在教人员未成年子女就学问题,帮助稳定家庭婚姻关系,动员家庭成员探视。监狱、劳教所、看守所、司法所、村(社区)组织要积极创造条件、配置设备,利用视频网络、亲情电话等方式,为亲人探视、志愿者实施帮教创造便利条件,增进服刑人员与家庭成员及社会的联系。共青团、妇联等群团组织要动员服刑在教人员家庭、近亲属不离不弃,主动帮教;组织志愿者对服刑在教人员未成年子女和困难家庭开展帮扶。民政部门所属的流浪未成年人救助机构,可以为没有监护人或不能行使监护能力的服刑在教人员未成年子女提供生活照料。"

就家庭联络权的保障而言,我国当前对女性在押人员家庭联络权的保障主要包括以下几个方面:一是女子监狱的地域设置,1998年司法部、国家发展计划委员会制定的《监狱狱政警戒设施建设标准(试行)》规定:"少年犯管教所和女子监狱,应选择在省会城市和交通方便的大中城市。”2010 年住房和城乡建设部、国家发展和改革委员会制定的《监狱建设标准》规定:“新建监狱应当选择在临近经济相对发达,交通便利的城市或地区。未成年犯管教所和女子监狱应选择在经济相对发达、交通便利的大、中城市。”将女子监狱设置于交通便利的大、中城市主要的目的就是为了便于家属会见女性在押人员,有利于对其进行改造。二是根据课题组在 A 女子监狱和 B 女子监狱的实地调研发现,女性在押人员服刑期间每月至少可以会见一次,每次时长二十分钟,会见过程中,双方之间有玻璃隔板隔离,通过会见室设置的电话互相沟通。三是女性在押人员可以与家人通过电话的形式沟通,例如,B 女子监狱规定,每名服刑人员根据所处监管级别的不同,每月可以免费拨打一次亲情电话,时长五分钟。根据对女性在押人员的访谈发现,所拨打的亲情电话主要对象是父母、配偶和子女。从会见场景的布置来看,会见子女时基本上是在内外玻璃隔离的会见室中进行,女犯与子女之间无法有身体接触、近距离的沟通,不利于子女与母亲之间的充分、深入交流,会见效果大打折扣。

相对而言,看守所内女性未决犯的家庭联络权则受到的限制较为严苛。为避免串供,当前刑事司法实践中,未决犯一律不得与家属会见,因而在审前羁押阶段所有女性在押人员都被剥夺了与家人会见的权利。虽然看守所设有单向视频会见系统,但根据调研发现,这一设备的利用率很低,很少有女性在押人员能够利用这一方式会见家人。例如,在 D 看守所的访谈中,几乎所有的访谈对象在羁押期内都未曾与家人会见过,并且都非常希望能够与家人会见。针对这一情况,看守所也积极采取相应措施,最大限度满足女性在押人员与家庭联络的需求,据看守所民警介绍,在工作过程中曾经为缓解一名因极度思念家人的女性在押人员的不稳定情绪,通过家访录制了该在押人员孩子的 DV 短片,并向其播放,取得了非常好的效果。为从根本上解决女性未决犯与家人会见和避免串供之间的矛盾,还应当规范看守所会见制度和会见手段,例如,2011 年下发的公安部监所管理局《关于推进看守所管理机制创新的通知》中明确指出,“应当按照方便在押人员家属和提高看守所工作效率的原则,推行在押人员进行视频会见。对犯罪嫌疑人、被告人,可在看守所安装单向视频会见系统,方便家属来所时单向会见;对罪犯,可以通过互联网实行视频双向会见。”

此外,我国当前女性在押人员的集中羁押和监禁制度与《曼谷规则》就近羁押的要求尚存在一定差距,也确实影响了女性在押人员与家庭的联络。虽然我国女子监狱的设置一般都选择在交通较为便利的大、中城市,但由于往往每一省份内只有一所至两所女子监狱集中羁押女性已决犯,这对远离监狱所在地的省内其他区域女性已决犯的家属会见造成较大障碍。另外,由于目前尚未完全实现女性已决犯回原籍服刑,更增加了其家人会见的难度。例如,在B女子监狱调研中就有管教民警反映,有的外省籍的服刑人员十多年都没有人会见,与家庭完全隔绝。另外,还存在部分服刑人员因为家庭困难,无法支付会见的成本,导致出现常年无人会见的情况。例如,访谈中就有服刑人员反映,其犯罪后,由于家中只剩下三个无人照料的未成年子女,生活极端困难,根本没有条件到监狱会见。集中羁押和监禁虽然有利于降低监管成本,有利于对女性在押人员展开有针对性的教育和改造,但是由此所造成的会见困难需要予以关注并加以解决。

3. 女性在押人员的心理健康问题

女性在押人员,尤其是女性未决犯,被剥夺人身自由后拘禁于高度封闭的羁押和监禁场所内,必然要承受巨大的心理压力,加之女性性格中特有的敏感、细腻等特点,可能会对其心理健康造成严重影响。为避免因监禁对女性在押人员造成的心理健康威胁,《曼谷规则》规定了一系列举措,提高女性在押人员的心理健康水平。具体内容包括:

应为监狱中或非拘押环境中需要心理保健的女性囚犯提供个性化、关注性别问题并且注意心灵创伤问题、全面的心理保健和康复方案。(规则12)

监狱工作人员应了解妇女何时会感到特别痛苦,以便对她们的状况感觉敏锐并确保为她们提供适当支助。(规则13)

与心理健康和社会福利机构协商制定和实施相应策略,预防女性囚犯自杀和自残,并应为有此风险者提供考虑到其性别特点的适当和专门支持,这应成为女子监狱心理健康综合政策的一部分。(规则16)

根据上述规则,在羁押和服刑期间,应当为女性在押人员提供必要的心理健康服务,使其免受心理疾病的困扰。

作为女性在押人员身心健康的重要衡量指标,女性在押人员的心理健康问题对于确保监管安全和实现改造目标意义重大。但"罪犯作为心理健康的弱势群体,处于再社会化的特殊阶段,在监狱这个特殊管理环境下,由于被剥夺自由,受到严格管制,强迫接受教育和劳动改造等情境的影响,使其原有的犯罪心理受到压抑,个人的许多需求得不到满足,这必然使他们产生许多否定情绪和消极心理。如果罪犯的这些否定情绪和消极心理得不到及时的认识和疏通矫治,那么就会影响到他们在服刑期间接受正常的教育改造。"①当前我国关于服刑人员心理矫治主要的指导性文件是司法部监狱管理局制定的《关于加强监狱心理矫治工作的指导意见》,该意见指出,监狱应当建立服刑人员心理健康指导中心,在监狱教育改造部门的领导下开展工作心理。健康指导中心配备的专职心理矫治人员原则上不低于押犯总数的1.5%,但不少于3人,每监区(分监区)应当至少配备1名监狱人民警察担任专兼职心理辅导员。

调研中课题组发现,当前女性在押人员的心理健康问题受到广泛的关注,在与监管民警的座谈中,所有参与座谈的民警都结合女性在押人员独特的心理活动特点,阐述了自身如何做好女性在押人员心理疏导的经验。而对女性在押人员的访谈中,所有被访谈对象都表示可以在心情不畅时与监管民警交流,并且这种交流对于舒缓心理压力有较大的帮助,另外通过与同监室其他女性在押人员的交流也可以起到舒缓心理压力作用。但是与《曼谷规则》的标准相比,我国当前女性在押人员心理健康服务方面还存在一定的不足,主要是缺乏专业心理辅导人员。虽然调研中发现部分监管民警通过自学和统一培训的方式获取了相应资质的心理咨询师资格,但是就总体而言,当前看守所和监狱内,监管民警的心理疏导和教育大部分还是建立在自身长期的工作经验的基础上,绝大多数监管民警没有接受专业系统的心理矫正知识培训。看守所和监狱并未配备专职的心理医生,主要是由监管民警兼职承担心理医生的职责,这难以满足女性在押人员对心理健康服务的需求。

4. 人格尊严与隐私权

身处看守所和监狱,处于被羁押和监禁状态,女性在押人员的部分权利必然要受到限制,但是人格尊严和隐私权作为基础性的精神权利,并不能因权利人人身自由状态的变化而受到限制。对于女性在押人员而言,其自尊心相比男性往往更为敏感,因而其人格尊严与隐私权的保障需要格外加以重视。

《曼谷规则》对女性在押人员人格尊严与隐私权保障的相关规定主要包括:

1. 被收监妇女的子女人数以及具体个人信息,应在收监之时加以记录。在

---

① 马瑞娟:《浅析在押女犯的自杀行为及其预防》,载《警官文苑》2011年第2期。

不影响母亲权利的情况下，此类记录应至少包含子女的姓名、年龄，若不与母亲在一起，还应包含其住址及其受抚养或受监护状况。2. 与这些子女身份相关的所有信息都应保密，此类信息的使用应始终遵守考虑到儿童最高利益这一要求。（规则 3）

应始终尊重女性囚犯的医疗保密权利，具体而言包括不分享信息和不接受生殖健康史检查的权利。如果女性囚犯要求女性医生或护士对其进行检查或治疗，应尽可能为其安排女性医生或护士，急诊情况除外。如果违背女性囚犯的意愿由一名男性医务人员进行检查，在检查过程中应有一名女性工作人员在场。（规则 8）

1. 在体检过程中只能有医护人员在场，除非医生认为存在异常情形，或者医生出于安保原因而要求一名监狱工作人员在场，或者该女性囚犯特别要求有一名工作人员在场。2. 如果在体检过程中需要有非医务职能监狱工作人员在场，这类工作人员应是女性，并且进行体检时应保护隐私，保障尊严和保密。（规则 11）

应采取有效措施确保在进行人身搜查过程中女性囚犯的尊严和尊重得到维护，人身搜查只能由受过适当搜查方法妥善培训的女性工作人员按照既定程序进行。（规则 19）

应制定其他检查方法，例如扫描，以取代脱衣搜查和侵犯性的人身搜查，从而避免侵犯性的人身搜查带来的心理伤害和可能的身体影响。（规则 20）

监狱工作人员在搜查狱中陪伴母亲的儿童以及探监儿童时，应表现出称职的能力、职业水准和敏感性，并应维护尊重和尊严。（规则 21）

由于女性在生理和心理方面的特殊性，决定了其在人格尊严和隐私权保障方面比男性在押人员有更高的要求。《曼谷规则》对此规定了大量细致的保障措施意图全面保障女性在押人员的人格尊严与隐私权。结合我国当前女性在押人员人格尊严与隐私权保障实践，课题组主要对以下三项内容进行调研，对女性在押人员人格尊严和隐私权保障取得的成就和存在的问题进行分析。

（1）入所收监身体检查工作人员的性别

根据《监狱法》和《看守所条例》的规定，所有在押人员在入所和收监时都必须接受身体检查。为避免女性在押人员因异性身体接触而人格尊严权受损，《看守所条例》和《监狱法》都强调应当由女性工作人员对女性在押人员进行身体检查。在与女性在押人员访谈中，所有的访谈对象都表示在入所和收监时，都是由女性工作人员进行的身体检查，不存在男性工作人员进行身体检查的情况，例如D看守所的女子监区，尽管只有三名女性工作人员，但还是保证24小时有女性工作人员值班，负责对入所女性在押人员的身体检查。

课题组成员对B监狱和C、D看守所女性在押人员关于入所收监身体检查工作人员性别问题的问卷调查所获取的数据与访谈中获得信息大致相同。（见表10－9）不过，根据问卷调查也反映出一些潜在的有待进一步证实的问题，比如，6%左右的女性已决犯和未决犯声称入所收监身体检查是由男性工作人员进行的，还有8%的问卷回答者记不清身体检查的具体情况。这两部分人在问卷调查中反馈的信息值得进一步验证与关注，因为如果证实信息属实，则明显违反了《曼谷规则》的要求，严重侵害了女性已决犯和未决犯的隐私权，更是一种违法违规行为，需要进一步完善制度与程序予以制止。实际上，在不少国家的司法实践中，为从根本上消除这一问题，已经开始通过使用扫描安检仪器的方式在进行安全检查的同时，避免对女犯的身体接触，这种方式可以考虑尝试。

表10－9　B监狱和C、D看守所女性在押人员入所身体检查的工作人员性别情况

类　别	人数（人）	百分比（%）
男性	37	6.17
女性	515	85.83
记不清了	48	8.00

（2）监室内监控录像的位置和浏览权限

为实现对女性在押人员的全天监视，课题组调研的所有看守所和监狱都在监室及工作场所内设置了监控探头。据A女子监狱监管民警介绍，该监狱内的监控探头全天候开放，每个分监区的监管民警有权限浏览本监区的监控情况，监狱总控室的监管民警有权限浏览全部监控录像。该监狱规定，只有女性监管民警才能进入女性在押人员的生活区域，也只有女性监管民警才能浏览和观看女性在押人员生活区内的视频监控。而D看守所由于女子监区和男子监区的视频监控系统都统一汇总到监控室，而根据课题组成员观察，该监控中控室内的值班民警为男性，由于看守所内厕所并不完全封闭，因而有可能会给女性在押人员的人格尊严和隐私权造成一定侵害。

另外，在女性在押人员生活空间的建设方面，也有监狱通过设施改造，维护女性在押人员的隐私权,例如,北京市女子监狱对女犯使用的卫生间、浴室等场所采用具有隐形功能的磨砂玻璃门窗,使女犯在这些特定场所活动时监狱设置的监控视频中均呈现出动画式、剪影式影像,这样一来,既满足了监管安全的需要,又保护了女犯的隐私权。[①]

(3)追求美的权利

爱美之心人皆有之,女性在押人员尽管身处看守所和监狱,但是作为女性的生物本能决定了其对美的追求,这种追求主要表现在对衣着和外貌的追求上。根据《监狱法》的规定,女性已决犯必须穿囚衣,调研中据监管民警介绍,监狱内便服属于违禁品,女性已决犯只能穿着监狱统一配发的囚服。看守所内虽允许女性未决犯穿自己的衣服,但要求必须套上统一的识别服。另外监狱和看守所都严禁女性在押人员化妆,也不允许其持有化妆品,只允许使用简单的护肤品。要求女性在押人员统一着装有利于维护监管安全,防止越狱;禁止女性在押人员化妆有助于对其教育改造。但是由于长期身处高度封闭的空间,如果能在一定条件下允许其穿着便装,适当化妆对于缓解其心理压力,消除消极情绪都会有一定的积极影响,例如,A 女子监狱就在每年春节等重大节日,允许女性在押人员穿自己的便服,节日过后再由监狱统一保管,取得了良好的反响。[②]

(五)结论

本报告对《曼谷规则》框架下中国大陆女性在押人员权益处遇状况的研究是非常初步的,无论是从研究范围、研究主题的选取,还是从研究样本的选择来看,都有进一步深化研究的空间与必要。尽管如此,报告中还是有一些重要的发现:

(1)就研究状况而言,学术界对《曼谷规则》和女性在押人员权益保障、处遇状况的研究都是十分有限的,已有的为数不多的研究系统性较差,缺乏整体视角、研究方法落后。从这个意义上讲,以《曼谷规则》的框架推进相关的系统性研究具有迫切的必要性。未来的研究过程中,仍有必要继续拓展研究视野,除了就女性在押人员的非羁押性措施展开专门研究之外,对于其他羁押场所中的女犯

---

① 杨长春:《罪犯隐私权的法律保护研究》,南京师范大学 2012 年硕士学位论文。

② 中国的监狱实践中在极少数女子监狱还有更为进步的做法,比如山东省女子监狱从关照女犯心理需要的角度出发,将人性化、柔性化管理的思维触角延伸到服刑人员的日常生活中,针对女性爱美的意识,培养她们积极乐观的生活态度,参见杨木高:《中国女犯矫正制度研究》,南京大学出版社 2012 年版,第 119 页。

管理和处遇问题也应当予以关注,如收容教育所、行政拘留所、精神病强制医疗机构、戒毒所等羁押场所。

(2)现有的关于女性在押人员处遇状况的法律、法规呈现出分散、过于简单的特点。关于女性在押人员的管理、权益保障,只是在怀孕与哺乳婴儿的妇女、分押分管、女性监狱建筑设置、女性心理特点等有限的方面作出了专门规定,且多数规定不是由法律而是在法律位阶较低的规范性文件层面上作出的。这在一定程度上说明决策者对女性性别视角在羁押管理中的差异的认识仍然有限。由此引发出来的更为深层次的问题是女犯处遇优化的政策供给严重不足,20 年前制定的《监狱法》对女犯问题关注有限,1990 年公布的《看守所条例》亦严重忽视女性未决犯的处遇问题,且二十多年来关于女犯管理、女犯处遇的政策及法律法规十分有限。晚近出台的新一轮中央司法体制改革方案中对监狱制度的改革只字未提,女犯处遇问题的完善严重缺乏政策支撑。

(3)从女犯构成与分布的数据统计来看,值得引起高度关注的问题有三个:一是近年来女犯的比例呈快速上升的趋势,上升速度超过了男犯比例的上升速度,这给落实《曼谷规则》的要求带来了更多的挑战。二是女犯犯罪的原因类型进一步多样化,但家庭暴力与毒品是两个值得特别关注的问题,对犯罪诱因的治理远比下游的女犯权益的保障要复杂、重要得多。三是女犯中已婚和有子女的比率达到六成以上,这一较高的比率凸显出女犯家庭婚姻问题的重要性。

(4)从对女性在押人员的管理角度来看,女性在押人员与男犯的分离、单独关押,虽然有助于体现分别对待,提高管理的专业性,保障女性在押人员的权利,但同时如果女性专门羁押场所设置过少,也会带来相应的弊端,特别是会影响到女性在押人员与家人的正常、有效的联络、会见。我国目前的情况是与快速增加的女犯数量相比,女子监狱的数量增幅缓慢,平均每省一个女子监狱的收押能力状况严重影响到女犯的管理与再社会化。

另外,目前管理女犯的女性监管人员数量不足、缺乏专门的培训、流动性差、工作强度大、待遇欠佳等问题,都直接影响着女性在押人员的处遇状况。这一判断应当从两个方面考虑,一是基于性别视角,女警本身也是女性,同样在家庭责任、身体条件等方面具有不同于男性的特点与要求,女性在押人员的监管力量即女警的配备比例应当高于男性监管场所;二是女警的配备比例与女犯处遇状况成直接正比关系,许多保障女性在押人员处遇的制度离开充足的女性监管人员数量的支撑,都很难有效运转。

(5)就女性在押人员权益保障与处遇状况来看,整体上看,近年来政府对监狱和看守所的投入和规范化管理作出了许多努力,在押人员包括女性在押人员的生活条件、待遇状况都有极大的改善,羁押场所内的基本生活条件已经完全具备。人性化管理和对在押人员权利的重视尊重程度有了很大改观。目前存在的主要不足是针对女性在押人员的特殊生理、心理需要方面的待遇与权利仍有必要作出进一步精细化、专门性的保障。与社会变迁、民众权利观念的不断提升相适应,女性在押人员的权利保障与处遇水平应当同步提升。在这方面比较典型的内容包括:①考虑到女性特殊的生理条件,在热水、膳食结果(对维生素、奶制品)等方面应当给予更多的考虑。②鉴于女性在家庭中的特殊地位以及与家庭之间的特殊联系关系,现有的关于女性在押人员会见家属以及与子女定期面见、交流的机会仍显不足,时间限制过多、与子女单独、直接接触的机会很少,在这方面仍然有较大的完善空间。特别需要强调的一点是,根据在押人员在看守所或者监狱中的表现来决定会见亲属的次数与时间是欠妥当的,这是一种变相惩罚措施,且以家庭生活权作为惩戒方式,违反了曼谷规则以及人道主义的基本要求。对于未决的女性犯罪嫌疑人、被告人应当准许在审前会见家属与子女。③女性心理健康对于女性在押人员的处遇而言意义重大,现有的舒缓心理压力的途径比较单一,加之娱乐生活比较单调,女性心理健康问题正越来越多的呈现,需要健全相应的干预机制,营造更为轻松、宽缓的生活氛围,舒缓心理压力。④女性在押人员追求美的权利不应限制,化妆、适度选择自己的服饰有助于缓解心理压力,体现人格独立与尊严;对于女性在押人员隐私权的保障仍然存在很多问题,在确保监管安全与保障在押人员隐私两项矛盾价值之间,应当寻求适度平衡,而界限是最为值得进一步探讨的问题。

第十一章　保护残障被羁押人权利

一、概述

《残疾人权利国际公约》、《禁止酷刑公约》、中国《残疾人保障法》、中国《刑事诉讼法》及有关规定,合起来为刑事司法中残障人享有的平等权利提供了全面保障。本手册据此讨论了处于未决羁押中的残障人权利保护议题,包括在羁押的每个阶段识别残障人的需求,提供无障碍设施与合理便利,确保其平等知晓诉讼权利、获得律师帮助等权利。

二、保护未决羁押中的残障人权利工作指南[①]

本指南阅读群体包括:[②]未决羁押人及其家属,刑事司法办案部门、羁押场所、公安监管部门的工作人员,驻所检察官,看守所值班律师,羁押场所医务工作者,司法社工,地方残联维权部工作人员,小区残疾人专职委员等。

关于未决羁押残障人中的女性、性少数以及其他脆弱人群的保护,另请参考《联合国女性囚犯待遇及女犯非监禁措施规则》(以下简称《曼谷规则》)、《关于将国际人权法应用于性倾向和性别认同相关事务的日惹原则》(以下简称《日惹原则》)等。[③]

---

① 张万洪、丁鹏:《保护未决羁押中的残障人权利工作指南》,载张万洪主编:《残障权利研究第二卷第二期(2015・冬季号)》,社会科学文献出版社 2016 年版;收入本书时有修订。

② 为不同身心障碍人群的需求,本手册(特别是附表)还有待制作为大字体格式、盲文格式、听读格式、手语形式以及图文形式、易读形式等。

③ 还可参考联合国毒品和犯罪问题办公室(UNODC):《妇女与监禁手册》(第 2 版)(*Handbook on Women and Imprisonment*),2014 年,目前只有英文版,下载地址:https://www.unodc.org/documents/justice-and-prison-reform/women_and_imprisonment_-_2nd_edition.pdf。

（一）未决羁押中的残障人权利

1. 什么是未决羁押

未决羁押，是指在刑事司法程序中，法院判决生效之前，犯罪嫌疑人、被告人所处的羁押状态。未决羁押是刑事司法中的一种强制措施，其他替代措施还有取保候审、监视居住等。未决羁押的执行通常在看守所，目前由各县级以上的公安部门监管。未决羁押不同于监狱中对已决犯的收押，最重要的一点在于未决羁押中的犯罪嫌疑人、被告人受无罪推定原则保护，除了人身自由受限，他们在其他方面享有与普通人同等的权利。

犯罪嫌疑人或被告人在未决羁押中平等获得法律帮助和有效辩护，已经是我国《刑事诉讼法》所确认的重要权利，也是依照 2015 年 9 月中共中央办公厅、国务院办公厅《关于完善法律援助制度的意见》等重要文件，防止冤错案件、确保公正审判、实现公平正义的关键举措。

2. 什么是残障

依据联合国《残疾人权利公约》和中国《残疾人保障法》，残障人包括肢体、精神、智力或感官有长期损伤的人，这些损伤与各种外部障碍相互作用，可能阻碍残障人在与他人平等的基础上充分和切实地参与社会。

依据这一最新的通行理念，残障与人的身心损伤有关，但同样重要的问题是外部环境缺乏支持所带来的障碍。由于历史文化原因，残障人长期处于弱势地位，曾经被称作“残废”，当成家庭和社会的负担，遭受到一般人难以想象的歧视、挫折。幸好，进入现代文明社会，物质丰富、科技昌明，人的固有尊严、平等权利和生活状态的多样性，越来越得到普遍尊重。

3. 为什么要识别未决羁押中的残障人？

《曼德拉规则》第 2 条第 2 款规定：

“为将不歧视的原则付诸实施，监狱管理部门应当考虑到囚犯的个人需要，特别是监狱环境中最脆弱的几类人。需要制定保护和促进有特殊需要的囚犯之权利的措施，而且这种措施不应被视为有歧视性。”

《曼德拉规则》第 5 条第 2 款规定：

“监狱管理部门应作出所有合理的通融和调整以确保有身体残疾、精神残疾或其他残疾的囚犯能够在公正基础上充分有效地融入监狱生活。”

(1)平等保障人权,实现司法正义。

平心而论,人们受到旧观念的影响,面对残障人,常会有陌生、异样、疏远、嫌恶等心理。特别是对于涉嫌犯罪、造成社会危害、进入刑事司法程序的残障人,人们"怒其不争"多于"哀其不幸",很容易忽视他们的基本权利。尽管只是极少数,但处于未决羁押中的残障人更容易受到社会偏见的侵害,以及在封闭环境中面临更严重的障碍。为此,人们需要深入理解残障新理念,认识到残障只是人的多样性的体现。社会有责任消除外部障碍,在任何情况下都尊重残障人与所有人平等的权利。在未决羁押中,这些权利突出体现为获得律师帮助、无障碍环境与合理便利等权利。

(2)实现看守所法治化管理。

首先,依据现行有关规定,看守所可以残障人生活不能自理为由,拒绝收押。但这样容易导致人们对司法不公的批评,也不符合国际通行标准对残障人平等法律能力的提倡。[①] 既然残障人在一个无障碍的社会环境里,享有与所有人平等的权利,那么至少形式上应该具备平等的法律行为能力和刑事责任能力。实际上,国内外已有许多经验表明,通过无障碍环境、合理便利、支持决策等机制,残障人完全可以和非残障人一样具备法律行为能力以及责任能力。此外,拒绝收押残障人还会加重社会对残障人的误解与偏见——残障似乎就意味着生活不能自理,人格不能独立,只能成为包袱,听命于人。因此,对残障人羁押必要性与可行性的审查,不能"一刀切",而应该基于法律面前人人平等的原则,充分落实最新的残障法律政策要求,确保司法公正。

其次,在看守所收押的"生活能够自理"的人里面,仍然可能存在当时未能发现的残障人,例如聋人、肢体障碍者,或者有些人在收押后出现(心智)障碍。特别是对于收押后出现心智障碍的人,他们仍然要面临刑事审判,为之前的行为承担责任。因此需要在看守所日常管理中建立系统的残障监测、评估机制。

最后,在被羁押人中,只有少部分符合法律规定的精神疾病患者,才可能被法院判处强制医疗,对于其他处于羁押状态的精神疾病患者,看守所同样需要依法管理,保障其权利。在现行体制下,将残障人(特别是心智障碍者)从看守所转

---

① 由于违反《残疾人权利公约》的要求,中国政府接受"残疾人权利公约委员会"审议时,也会面临国际社会在这方面的批评。

移到医疗机构,可能会让他们的权利更加缺乏法律保障。看守所作为法治建设的重要窗口和服务刑事司法的核心环节,应该加强这方面的依法管理,保障各种未决羁押人的权利。

(二)在入所阶段保护残障人权利

1.通则

在刑事司法的未决羁押阶段,应由看守所所长直接管理所内与残障人有关的事务,并接受公安监管部门和驻所检察官的监督,这些专门事务包括但不限于以下内容:

(1)确保所内有完整的无障碍设施。最基本要求包括可移动的坡道(供轮椅临时出入)、扶手、多功能警报器(让视力、听力障碍人士接收到警报信息)、大字体印刷材料或有声材料、无障碍厕所及紧急出口等。每年检查这些设施能否正常使用。

(2)为符合羁押条件的残障人士设置两个特别监室,分性别监管。

(3)为所有入所体检的被羁押人提供一张标准提示卡,用文字和图片表达:"我需要看医生""我需要帮助"等内容,以便其主动提出自己属于残障人士。看守所体检或医务部门应备有足够数量的标准提示卡。确保被羁押人容易获得该卡片,并在有需要时交给看守所管教民警、驻所检察官或值班律师。

(4)在现有的权利告知书以及其他形式的告示中,突出残障人可以获得的特别保护。例如大字体印刷的材料、配图说明或专门的口头告知。告示上应列出负责残障人事务的管理人员联络方式,以及上一条中的标准提示卡图片。

(5)看守所全部工作人员都应受过与残障人权利相关的培训。培训包括残障的含义、类别(特别是精神障碍),以及与残障人入所和日常管理有关的各方面细节。

2.尊重残障人权利的入所程序

《曼德拉规则》第25条规定:

1.所有监狱都应有医务处,负责评估、促进、保护和改善囚犯的身心健康,特别关注具有特殊保健需要的囚犯或有阻碍其恢复正常生活的健康问题的囚犯。

2.医务处应有一个跨学科团队,有足够多在临床上完全独立行事的合格工作人员,并应具备足够的心理学和精神病学专业知识。所有囚犯都应能获得合格牙医的服务。

步骤一:体检与残障评估

对全部入所羁押的嫌疑人体检,并进行能力评估与需求调查,识别各种可能存在的残障,例如肢体、视力、听力障碍,以及智力、精神障碍等。对于可能患有精神疾病的嫌疑人,应当通过专门的鉴定程序,之后再决定是否收押。对完全没有能力照顾自己的嫌疑人,看守所不予接收,并将后续处理措施通过办案单位、驻所检察官或值班律师等转告其亲友。在体检与能力评估中,需要特别注意到:

(1)在体检室或医务室为嫌疑人准备完善的权利告知手册,以便他们中的残障人同样能理解自己的权利,提出需求,包括通过肢体语言或标准提示卡提出要求,以获得医疗照顾或合理便利。

(2)对嫌疑人是否需要(手语等)翻译人员或社工协助进行评估。如果需要,则权利告知应在翻译或社工协助下进行。鼓励嫌疑人用标准提示卡提出翻译、医疗等方面的需求,如"我需要见医生""我有重要的事情要说""我需要翻译"等。

(3)对嫌疑人是否需要某些便利设施进行评估。例如,对有智力障碍的人要进行缓慢、简单的交流,为视障、听障人士提供辅助设备。

步骤二:报告评估结果

负责入所体检与残障评估的医务人员,应把评估结果以及嫌疑人与残障有关的需求报告交给看守所,并在尊重隐私的前提下,将相关信息输入看守所的管理系统或数据库,以便当值的医务人员或管教民警提供必要协助。这些信息包括嫌疑人所需要的辅助设施,如(塑料)眼镜、助听器、轮椅、写字板等,以及服药或治疗需求。

步骤三:满足残障需求与安全限制

只有存在合理怀疑,羁押人的残障辅助设备可能造成安全风险,才可限制或禁止其使用。这一限制的理由和范围应记录在案,供驻所检察官、嫌疑人及其律师查阅。看守所应向医生、社工等专业人士咨询,为残障人提供合适的替代措施。对于在监室内限制使用的辅助设备,在被羁押人会见律师或接受办案单位询问时,应尽可能提供。

依据残障评估结果,适当改造监室,提供合理便利,如将面临行动障碍的嫌疑人安排在有行动辅助设备的监室里。此外,应当安排同监室友照看,而非单独羁押。监室人数安排应避免过于拥挤的条件加剧残障人遭受的障碍。考虑到残障人可能面临特别的受到伤害的风险，可采取专门的保护羁押措施。

步骤四：告知管理规则

《曼德拉规则》第 54 条规定：

囚犯入狱时应立即发给书面资料，载述以下信息：

(a)监狱法和适用的监狱规章；

(b)囚犯的权利，包括允许以何种方式寻求资料、获得法律咨询，包括借助法律援助计划，以及提出请求或申诉的程序；

(c)囚犯的义务，包括适用的纪律惩罚；

(d)使囚犯能够适应监狱生活的所有其他必要事项。

《曼德拉规则》第 55 条规定：

1. 规则 54 提及的资料应根据监狱囚犯的需要以最通用的语言提供。如果囚犯不懂其中任何语言，应当提供口译协助。

2. 如果囚犯为文盲，应当向其口头传达资料。对于有感官残疾的囚犯，应以适合其需要的方式提供资料。

3. 监狱管理部门应当在监狱的公共区域突出展示资料概要。

在体检之后，管教民警应以嫌疑人能够理解的语言告知看守所的日常管理规则，包括他们如何通过口头、手势或图文提示卡表达自己有关残障的需求，以及如何使用投诉信箱。如果嫌疑人需要翻译或其他沟通辅助方法才能理解这些规则，应及时予以安排。

步骤五：告知获得律师帮助的权利

被羁押人有身心障碍，符合指定辩护条件的，看守所应按照《刑事诉讼法》第 34～36 条的规定，通过法律援助值班律师的协助，[①]以及在必要时通过手语翻译等专业辅助人员，及时告知其本人及家属有权获得法律援助。

对于其他类型的残障被羁押人，在其本人的要求或同意下，看守所应把残障评估信息和需求文件的副本提供给辩护律师或值班律师，以便于其获得有效的律师帮助。

---

① 法律援助值班律师，依据 2015 年中共中央办公厅、国务院办公厅《关于完善法律援助制度的意见》，以及 2017 年最高人民法院、最高人民检察院、公安部、国家安全部、司法部《关于开展法律援助值班律师工作的意见》，是指法律援助机构在人民法院、看守所派驻值班律师，为没有辩护人的犯罪嫌疑人、刑事被告人提供法律帮助。

3. 常见问题处理

(1)怎样发现残障人的需求(自评样表见本章附1)?

尊重被羁押人自主提供残障信息与提出需求的权利。例如,在入所体检时询问:你是否有使用特别辅助设施的需要,或者你是否有家属或者可信任的朋友可以通知?

(2)在可负担的范围内,应提供哪些无障碍设施与合理便利?

中国批准了联合国《残疾人权利公约》,有义务遵守相关标准,为残障在押人员提供无障碍设施与合理便利。《残疾人权利公约》第2条将“合理便利”定义为“根据具体需要,在不造成过度或不当负担的情况下,进行必要和适当的修改和调整,以确保残障人在与其他人平等的基础上享有或行使一切人权和基本自由”。在分配监室、提供合理的医疗设备与辅助设施方面,一些可以借鉴的做法如下:

①装修无障碍设施,特别是无障碍的卫浴设施,包括安装扶手、避免台阶、设置清晰标识等;

②为听力障碍者(包括聋人)提供口译或通过远程视频传译服务、震动闹铃、助听装置、写字板、图文显示屏等;

③为视力障碍者(包括盲人)提供朗读、音频数据、屏幕阅读软件、放大软件、大字体印刷材料等;

④为智力障碍者提供易读文本。

(三)在看守所日常管理中保护残障人权利

1. 在看守所日常管理中应对多种类型的残障

看守所管理人员应意识到残障的多种表现形式:残障不只是“盲聋哑”或者肢体障碍,还包括智力与精神障碍。其中,智力障碍和精神障碍应加以区分。

智力障碍是指由于先天遗传或后天脑部损伤,导致人的智慧发展比同年龄人明显迟缓。目前的科技水平尚无改变智力的方法,但通过社工支持,可以部分消除智障人生活中的障碍,提升其在言语表达、记忆能力、逻辑思考、了解社会规则或事物因果关系等方面的能力。

精神障碍是大脑机能活动发生紊乱,导致人的认知、情感、行为和意志等精神活动不同程度障碍的总称,通常包括精神分裂、妄想、躁狂、抑郁、强迫、老年痴呆等表现,通过医学治疗和社工支持,能显著缓解病症、消除障碍。在本指南中,一般用心智障碍来统称智力和精神障碍。此外，依据司法部2011年发布的《精神障碍者司法鉴定精神检查规范》及相关规则，司法程序中精神鉴定的对象包括智力障碍也包括精神障碍。

科学研究和实际案例都表明，智力障碍或精障碍绝不意味着暴力倾向。

应该特别注意的是，被羁押人有时候不服从管理规则，可能是因为他们受到各种障碍的影响，无法理解这些规则。

2. 在日常管理中对残障的评估与鉴定

看守所管理人员、医务人员以及驻所检察官应在日常管理中建立对已经发现的残障人和潜在残障人的监测评估机制，包括巡视安排，对残障者（特别是潜在的心智障碍者）的监测、记录与报告等。

在看守所日常管理中发现心智障碍者，应及时通知办案机关、驻所检察官、被羁押人家属和代理律师，申请启动精神鉴定司法程序。符合《刑事诉讼法》第303条、《公安机关办理刑事案件程序规定（公安部令第127号）》、最高人民法院《关于适用〈中华人民共和国刑事诉讼法〉的解释》第532条规定的，应依照所处刑事司法阶段分别由公安机关、检察院提出强制医疗申请，由法院受理裁判。

3. 释放与转介残障人的手续

由于撤案、变更强制措施等原因，释放未决羁押中的残障人时，应避免歧视：首先，以支持残障人自主行动为原则。例如，允许能独立行动的人自行离开，协助行动不便的人上出租车，为有认知障碍的人解释乘车路线、提供图示说明等。其次，在条件有限时可采取替代办法，通知家属或残障人信赖的人来接他们离开。

由于启动精神鉴定、强制医疗程序，或执行法院的生效判决（小区矫正、监禁刑）等，需要将未决羁押中的残障人转介给其他机构时，应当将看守所内的残障评估与监测档案一并转介给后续的"中途宿舍"、日托中心或其他小区服务机构、医疗机构或监狱。

4. 常见问题处理

（1）未决羁押中的残障人生病时怎么办？

①及时提供必要的医疗服务，应尊重其知情同意接受治疗和自愿服药的权利。在紧急情况下，民警应该采取急救措施。看守所不得用停止医药治疗作为违纪惩罚措施。如果被羁押人要为额外的医疗付费，应依法制定收费标准。

②不论身体或心智障碍人士接受医疗，在专业社工的辅助下，看守所管教民警和医务人员都能够更好地开展本职工作。

③安康医院等机构可以接受一些未决羁押中的心智障碍者，具体程序应由看守所和医院在目前的法律框架内商定。

(2)未决羁押中的残障人自伤、自杀或伤害他人时怎么办？

首先应以预防为主，在入所时的有效评估以及管理中的常规监测，有助于预防这类事件发生。此外，在及时干预、紧急救助、转介医疗、合理隔离时，应该注意到：

①尽量避免单独或隔离监禁。

《曼德拉规则》第45条规定：

1.单独监禁只应作为在例外情形下不得已而采取的办法，时间能短则短，并应受独立审查，而且只能依据主管机关的核准。不应因囚犯所受的判决而施以单独监禁。

2.在有精神残疾或身体残疾的囚犯的状况会因单独监禁而恶化时应禁止对其实施此类措施。继续适用预防犯罪和刑事司法领域的其他联合国标准和规范提及的规定，即在涉及妇女和儿童的情况下禁止使用单独监禁和类似措施。

将残障人与普通人隔离开来，不符合《残疾人权利公约》中关于小区融合以及肯定个人平等能力的规定，也可能违反《禁止酷刑和其他残忍、不人道或有辱人格的待遇或处罚公约》的要求。[①] 单独监禁反而会增加残障人与普通人之间的隔阂以及发生暴力冲突的风险，也不利于他们融入社会。单独监禁必须由所长批准，设定最长期限，并通知驻所检察官，其事由和起止等均应记录在案。单独监禁的残障人有权如常使用卫浴设施。看守所管理和监督人员每天应当重点巡察(每小时1次)被单独监禁的残障人。主管医务人员根据在押人员的精神和身体状况，可以建议终止或者变更隔离措施。

---

① 事实上，中国政府在2015年11月接受禁止酷刑公约委员会的审议时，就“隔离监禁”(solitary confinement)议题回应道：隔离监禁在中国是一种管理措施而非惩罚手段，其实施受到严格审查。《中国政府对议题清单的回应》(China's Response to the List of Issues)可见联合国人权高专办网：http://tbinternet.ohchr.org/_layouts/treatybodyexternal/SessionDetails1.aspx? SessionID=1002&Lang=en。就决定采取隔离监禁的标准而言，“看守所根据在押人员的现实表现、案件性质、身体健康状况以及心理和精神状况等情况，进行安全风险评估，并根据评估结果，实行分级动态管理。”引自赵春光：《从看守所管理看中国人权司法保障》，载《人权》2014年第4期。

②慎重使用戒具或拘束工具。

《曼德拉规则》第 39 条规定：

1. 除非依据规则 37 提及的法律或规章的条款以及公正和正当程序的原则，否则不得惩罚囚犯。对于囚犯，同一行为或罪行不得二罚。

2. 监狱管理部门应确保纪律惩罚与所要惩罚的违纪行为相称，并应适当记录实施的所有纪律惩罚措施。

3. 监狱管理部门在实施纪律惩罚前应考虑囚犯的精神疾病或发育残疾是否及如何造成他或她犯下引起纪律指控的罪行或行为。监狱管理部门不应对据认为是由囚犯的精神疾病或智力残疾直接导致的任何行为实施惩罚。

《曼德拉规则》第 46 条规定：

1. 医疗保健人员不应在实施纪律惩罚或其他限制措施上起到任何作用。但他们应当特别注意处于任何形式的非自愿隔离中的囚犯的健康，包括每日访问此类囚犯并在此类囚犯或监狱工作人员的请求下立即提供医疗帮助和治疗。

2. 医疗保健人员应毫不迟延地向监狱长报告纪律惩罚或其他限制措施对被施以此类惩罚或措施的囚犯的身心健康产生的任何不利影响，并应在认为出于身心健康原因有必要终止或更改这些惩罚或措施时向监狱长提出建议。

3. 医疗保健人员应有权审查和建议更改对囚犯的非自愿隔离，以便确保这种隔离不致恶化囚犯的健康状况或精神残疾和身体残疾。

仅在极为必要且手段与目标相称的情况下，才可对残障人使用法定的戒具或拘束工具。其使用不能超过必要时限，也绝不可用作惩罚。使用戒具的事由、方式和起止等均应记录在案。对加持戒具的残障人应予持续的重点巡察。

③探索适用临时的保护性措施。

现行法律规定，对实施暴力行为的精神病人，在人民法院决定强制医疗前，公安机关可以采取临时的保护性约束措施，也可以将其送入精神病医院接受治疗。采取临时的保护性约束措施，应当对精神病人“严加看管”，“并注意约束的方式、方法和力度，以避免和防止危害他人和精神病人的自身安全为限度”。一旦该精神病人已没有继续危害社会可能，“公安机关应当及时解除保护性约束措施”。检察机关可以建议公安机关在适当情况下实施临时保护性约束措施。另外，如果检察机关发现公安机关“采取临时保护性约束措施不当的”或者存在“体罚或者虐待"等情况的,检察机关应当提出纠正意见。

④严格依照法定程序适用强制医疗。

《曼德拉规则》第109条规定:

1. 经认定没有刑事责任的人,即后来被诊断具有严重精神残疾和(或)健康问题的人,待在监狱中会使其状况恶化,因此不应关押在监狱中,而应作出安排,尽快将他们迁往精神医疗院所。

2. 如有必要,对于有精神残疾和(或)健康问题的其他囚犯,可在专门院所在合格医疗保健专业人员的监督下加以观察和治疗。

3. 医务处应向需要精神病治疗的所有其他囚犯提供治疗。

将相关情况书面转交办案机关,根据《刑事诉讼法》第303条第2款规定:"公安机关发现精神病人符合强制医疗条件的,应当写出强制医疗意见书,移送人民检察院。对于公安机关移送的或者在审查起诉过程中发现的精神病人符合强制医疗条件的,人民检察院应当向人民法院提出强制医疗的申请。人民法院在审理案件过程中发现被告人符合强制医疗条件的,可以做出强制医疗的决定。"

(3)未决羁押中的残障人如何实现会见、通讯权利?

看守所至少应该有一间律师会见室达到无障碍标准,配有必要的沟通辅助设施,例如写字板,为残障人会见律师提供合理便利。应该准予经办案机关或检察院认可的翻译人员,与律师一起参与会见。未决羁押中的残障人享有平等机会与家属通讯或单向会见。

(4)未决羁押中的残障人如何申请获得法律援助?

看守所应通过图文提示卡和口头交流等形式,让残障人有平等机会向管教民警、驻所检察官以及看守所法律援助值班律师提出需求,申请获得法律援助。[①]

一些关注残障人刑事诉讼权利的本土实践经验:

2009年至2011年,重庆市江北区人民检察院受理的49个刑事案件中有57

---

① 比如最高人民检察院、中国残疾人联合会2015年12月3日(国际残障人日)发布的《关于在检察工作中切实维护残疾人合法权益的意见》第7条指出,对于盲、聋、哑犯罪嫌疑人,人民检察院应当采取适宜方式进行权利告知,确保其准确理解相关规定。《湖北省刑事诉讼法律援助工作实施办法》第25条规定:公安机关、人民检察院、人民法院应当依法支持法律援助律师开展工作,有条件的应协助提供通晓聋、哑手势的人员或者翻译人员。

名残障被告人。他们中的一些人有前科记录。通过调查发现大多数被告人犯罪是因为贫穷。为了保护残障人的合法权益,2011 年 11 月,重庆省江北区人民检察院基于残障被告人案件颁布了《办理盲聋哑等残障人犯罪案件配套工作机制实施办法》。该机制包含三部分内容:社会调查机制、法律援助机制、帮教扶持机制。第一部分由残障犯罪嫌疑人户籍所在地或者经常居住地的小区矫正员调查其成长经历、家庭环境等情况,形成《社会调查报告》。该报告作为是否批准逮捕、起诉、取保候审、缓刑等的依据。第二部分是法律援助机制,因经济困难或者其他原因没有委托辩护人的残障犯罪嫌疑人,检察院要在第一时间为其申请法律援助。第三部分帮教扶持机制,为残障犯罪嫌疑人提供特殊的扶持和教育服务,为其提供心理疏导、就业等帮扶,预防其再次犯罪。①

(5)未决羁押中的残障人应否参与劳动?

残障人应享有与其他未决羁押人平等的待遇,其自主选择权得到尊重。不能因为是残障人就一律不准参与劳动,也不能强迫劳动。在理想的情况下,应为残障人提供合理便利,让他们有平等机会参与劳动,并获得报酬。

(四)在紧急状态下保护看守所内残障人的权利

看守所应该考虑到在这个相对封闭而独特的环境内建立自己的救灾应急响应机制,并特别考虑到残障人等特殊群体如何参与减灾救灾,以及获得紧急救助。具体包括:

1. 对于地震、火灾、水灾等自然灾害的应急处理机制

(1)依照本地政府的减灾救灾规程,结合看守所自身的实际情况,制定具有无障碍视角的减灾救灾机制,包括规划庇护场所和救助通道,培训工作人员,储备救助物资等。

(2)确保灾情警报与其他类型的警报一样,能够让视力、听力或其他类型的障碍人士接收、理解。为此应有定期演习。

(3)确保各种防灾救灾、工具、通道的标示明显易懂,以及在入所后有专门的定向练习,让残障人同样能够理解、使用这些工具或通道。为此应有定期演习。

(4)为残障人建立专门的信息档案,储备物资,确保在紧急状态下,他们所急

---

① 沈义、司晓磊:《重庆江北:完善残疾人犯罪案件办理机制》,载《检察日报》2012 年 8 月 26 日,第 2 版。

需的药品、辅具能够得到供应。这些档案也有助于及时通知残障人家属或其他可信的亲友,以获得支持。

(5)在减灾救灾的过程中,注重吸纳社会组织、专业人士的力量,他们可以有效协同为残障人士提供救助。

2. 在其他紧急状态下保护残障人的权利

(1)为看守所医务人员、管教民警、驻所检察官等提供有关残障人突发病情的基本知识和急救技能培训,包括残障人突发的昏迷、出血、骨折等情况的处理,并特别注意到在此紧急状态下实现与残障人的有效沟通,以尊重其知情权和自主权。

(2)在监室、医务室等场所设立明显易懂的标示,例如前文"入所步骤"中提到的图文提示卡,让视力、听力和其他类型的残障人理解如何发出警示,获得医疗急救。鼓励与残障人同监室的人增强医疗急救方面的意识。

(五)多方合作保护未决羁押中残障人的权利

保护未决羁押中的残障人权利,需要多方合作,既包括办案部门、看守所,也包括驻所检察官,此外还有法律援助律师、残联,以及未来的特殊需求支持服务中心的协调。具体包括以下几个方面:

1. 对看守所工作人员的培训

看守所作为直接管理者,除了可以依照前述内容,设立、完善相关程序,还应注重发挥人在管理中的能动性。《残疾人权利公约》第 13 条规定"为了协助确保残障人有效获得司法保护,缔约国应当促进对司法领域工作人员,包括警察和监狱工作人员进行适当的培训。"中国政府在 2015 年 11 月接受禁止酷刑公约委员会的审议时,也就看守所执法人员的"教育培训"议题回应道:中国重视对国家公职人员,特别是对法院、检察、公安和司法行政部门的执法人员,以及羁押场所医务人员,进行有关禁止酷刑的教育和宣传,并采取了一系列措施。[①] 从当前看守所加强法制化管理和保障被羁押人权利的需要出发,这些培训的内容应该纳入本手册提到的残障新理念、合理便利、无障碍沟通等内容。

---

① 引自中国政府 2013 年向禁止酷刑委员会提交的《根据〈禁止酷刑公约〉第 19 条提交的第五次报告》第 10 条以及 2015 年《中国政府对议题清单的回应》(China's Response to the List of Issues)第 13 节,可见联合国人权高专办网:http://tbinternet.ohchr.org/_layouts/treatybodyexternal/SessionDetails1.aspx?SessionID=1002&Lang=en。

培训的形式包括专门的入职培训、职业发展培训,以及经过认可的大学课程、讲座、论坛、研讨会等。培训后应有相关的考核认证体系,以确保培训质量。

2. 完善驻所检察官法律监督[①]

在保护未决羁押中的残障人权利方面,驻所检察官应当:

(1)协助识别看守所中的残障人,特别是心智障碍人士;并审查羁押这些残障人的必要性及合法性。

(2)监督看守所对残障人的日常管理,包括看守所为残障人设立的辅助设施、提示卡片是否可用,以及限制使用辅具或药品、单独监禁、禁闭、使用戒具等措施是否妥当。

(3)设立无障碍管道,受理残障被羁押人提出的需求;特别是获得律师帮助、医疗救助、专业社工辅助等需求。

(4)监督确保办案机关在看守所询问残障人时,有无障碍沟通辅助人员在场并发挥作用。

(5)监督确保律师在看守所会见残障人时,获得无障碍沟通辅助人员或器具。

(6)协助审查逮捕阶段的检察机关会见残障被羁押人,获得无障碍沟通。

(7)在上述询问或会见中,找不到经过认证的翻译人员时,或者当残障人仅可通过其亲友理解的特殊交流方式沟通时,协调办案、检察和看守所管理部门,由熟悉残障人的亲友充当沟通辅助人员。

(8)监督确保看守所及时启动精神病鉴定程序或强制医疗程序。

最高人民检察院、中国残疾人联合会 2015 年 12 月 3 日发布的《关于在检察工作中切实维护残疾人合法权益的意见》对此有比较充分的阐释(着重号为笔者所加),可为重要参照:

第 1 条　人民检察院办理涉及残疾人的案件,应当严格依照法律的规定,贯彻党和国家关于残疾人权益保护的各项政策,注重关爱、扶助残疾人,方便其诉

---

① 2010 年 10 月,最高人民检察院、公安部《关于人民检察院对看守所实施法律监督若干问题的意见》发布并施行,规定看守所的收押、换押及羁押犯罪嫌疑人、被告人等执法和管理活动接受检察机关的法律监督,规范了对看守所执法和管理活动的监督方式、监督程序以及监督责任。引自中国政府 2013 年向禁止酷刑委员会《根据〈禁止酷刑公约〉第 19 条提交的第五次报告》,可见联合国人权高专办网:http://tbinternet.ohchr.org/_layouts/treatybodyexternal/SessionDetails1.aspx? SessionID = 1002&Lang = en。

讼,采取有效措施防止侵害残疾人权益的行为,保障残疾人平等、充分地参与诉讼活动和社会生活,促进残疾人各项合法权益的享有和实现。

第2条 人民检察院可以指定专人或者设立专门小组办理涉及残疾人的案件。办案工作中,应当加强同残疾人联合会等人民团体、政府有关部门以及涉案残疾人所在单位、社区、村民委员会的沟通联系,主动了解情况,听取意见,共同做好维护残疾人合法权益工作。

……

第11条 残疾犯罪嫌疑人、被告人被逮捕后,人民检察院应当对羁押必要性定期开展审查,综合考虑侦查取证的进展情况,案件事实、情节和证据的变化情况,残疾犯罪嫌疑人、被告人的身体健康状况等因素,对不需要或者不适宜继续羁押的,应当依法变更强制措施或者建议有关机关变更强制措施。

……

第14条 人民检察院发现看守所、监狱等监管机关在羁押管理和教育改造残疾在押人员等活动中有违法行为的,应当依法提出纠正意见;发现看守所、监狱等监管场所没有对残疾在押人员在生活、医疗上给予相应照顾,没有采取适当保护措施的,应当通过检察建议等方式督促监管机关改正。

3. 司法行政部门提供法律援助

司法行政部门应当依据2015年9月中共中央办公厅、国务院办公厅《关于完善法律援助制度的意见》、各地省政府关于完善法律援助制度的实施意见以及省级公检法司等部门联合发布的刑事诉讼法律援助工作实施办法的要求,安排法律援助律师和事务所律师前往看守所法律援助工作站值班,并为值班律师组织专门培训,提升其为残障人等特殊人群服务的能力。这包括如何沟通、提供有效的法律咨询、转介法律援助和协调社工辅助等。

4. 纳入残联以及残障人组织提供基于小区的服务

在当前司法社工还比较稀缺的情况下,为了确保未决羁押中的残障人能够实现有效沟通、平等参与司法程序,有必要引入地方残联、小区残疾人专职委员的力量。残障人社会组织的志愿者,也可以为看守所内的残障人提供有益的支持服务。为此,在程序上可行的做法是经过公安、检察、司法等部门联合行文,确立认证程序,让社会力量以法律援助志愿者或司法社工志愿者等身份,为看守所内的残障人提供无障碍沟通等方面的支持服务。

5. 建立综合的特殊需求支持中心

各利益相关方应以发展的眼光来看待未决羁押中的残障人权利保护机制，不断总结残障工作经验，共同提议由各级政府的残疾人工作小组协调领导，在省、市建立一个综合的特殊需求支持中心（special needs resource center）。这个中心不仅可以为看守所未决羁押残障人士提供无障碍服务与支持，还可以为侦查办案、法院审判、监狱服刑阶段的残障人提供帮助，乃至在融合教育、职业培训等领域，也能够发挥专长。这样的综合支持中心可以提供更专业的服务，而且节省资源，不必在每个司法机构都设立相应的社工职位。

附1:入所体检及需求自评表

(本表用大字体打印;视力、听力或者理解力有障碍的人可能需要另外提供便利或支持措施才能填写。)

你以下所填写的信息,将仅用于看守所管理及医务人员更好地为你提供日常照顾、医疗以及合理便利。除此之外,你填写的信息将严格保密。

本表为选填,若你愿意填写,请在此处签名:________________

1. 请描述你的身心现状,在对应选项打"√":

	视力障碍(盲,低视力)
	听力语言障碍(聋、哑、重听等)
	肢体障碍(瘫痪,截、缺肢,儿麻后遗症,关节疾患,畸形等)
	智力障碍
	精神障碍
	多重障碍
	其他障碍________________
	没有障碍

2. 在日常生活中你需要哪些辅助设施或者说明,请在对应项打"√":

	大字体印刷材料		写字板或图文显示屏
	眼镜或放大镜		拐杖
	助听器		
	手语翻译		
	其他特别辅具或协助:______________		

本表到此结束,谢谢填写。

附2：联合国囚犯待遇最低限度标准规则（纳尔逊·曼德拉规则）①

（关于残障被羁押人待遇的摘选）

联合国大会……意识到《囚犯待遇最低限度标准规则》自1955年获第一届联合国预防犯罪和罪犯待遇大会通过以来，一直是得到普遍承认的最低限度囚犯关押标准，作为一项指南，对于制定惩教法律、政策和做法具有重要价值和影响……

考虑到1955年以来有关囚犯待遇的国际法逐步发展，包括载于以下国际文书的国际法：《公民权利和政治权利国际公约》《经济、社会及文化权利国际公约》《禁止酷刑和其他残忍、不人道或有辱人格的待遇或处罚公约》及其《任择议定书》……

回顾1955年以来通过的与囚犯待遇和非监禁措施有关的联合国预防犯罪和刑事司法标准和规范，特别是切实执行《囚犯待遇最低限度标准规则》的程序、《保护所有遭受任何形式拘留或监禁的人的原则》、《囚犯待遇基本原则》、《联合国非拘禁措施最低限度标准规则》（《东京规则》）以及关于在刑事事项中采用恢复性司法方案的基本原则……

铭记在司法工作中需要特别注意儿童、少年和妇女的具体处境，特别是他们被剥夺自由时的处境，以下文书有此要求：《联合国少年司法最低限度标准规则》（《北京规则》）、《联合国预防少年犯罪准则》（《利雅得准则》）、《联合国保护被剥夺自由的少年规则》和《联合国关于女性囚犯待遇和女性罪犯非拘禁措施的规则》（《曼谷规则》）……

规则1

对待所有囚犯，均应尊重其作为人所固有的尊严和价值。任何囚犯均不应遭受——且所有囚犯均应得到保护以免遭受——酷刑和其他残忍、不人道或有辱人格的待遇或处罚，对此，不得援引任何情形为例外理由。任何时候都应确保囚犯、工作人员、服务提供者和探访者的安全。

---

① 《联合国囚犯待遇最低限度标准规则》，载 http://www. un. org/zh/events/mandeladay/mandela-rules. shtml。

规则 2

1. 本套规则应予公正执行。不应基于种族、肤色、性别、语言、宗教、政见或其他主张、国籍或社会出身、财产、出生或任何其他身份而加以歧视。应当尊重囚犯的宗教信仰和道德标准。

2. 为将不歧视的原则付诸实施,监狱管理部门应当考虑到囚犯的个人需要,特别是监狱环境中最脆弱的几类人。需要制定保护和促进有特殊需要的囚犯之权利的措施,而且这种措施不应被视为有歧视性。

规则 5

1. 监狱制度应设法减少狱中生活同自由生活的差别,以免降低囚犯的责任感,或囚犯基于人的尊严所应得的尊重。

2. 监狱管理部门应作出所有合理的通融和调整以确保有身体残疾、精神残疾或其他残疾的囚犯能够在公正基础上充分有效地融入监狱生活。

规则 25

1. 所有监狱都应有医务处,负责评估、促进、保护和改善囚犯的身心健康,特别关注具有特殊保健需要的囚犯或有阻碍其恢复正常生活的健康问题的囚犯。

2. 医务处应有一个跨学科团队,有足够多在临床上完全独立行事的合格工作人员,并应具备足够的心理学和精神病学专业知识。所有囚犯都应能获得合格牙医的服务。

规则 39

1. 除非依据规则 37 提及的法律或规章的条款以及公正和正当程序的原则,否则不得惩罚囚犯。对于囚犯,同一行为或罪行不得二罚。

2. 监狱管理部门应确保纪律惩罚与所要惩罚的违纪行为相称,并应适当记录实施的所有纪律惩罚措施。

3. 监狱管理部门在实施纪律惩罚前应考虑囚犯的精神疾病或发育残疾是否及如何造成他或她犯下引起纪律指控的罪行或行为。监狱管理部门不应对据认为是由囚犯的精神疾病或智力残疾直接导致的任何行为实施惩罚。

规则 45

1. 单独监禁只应作为在例外情形下不得已而采取的办法,时间能短则短,并应受独立审查,而且只能依据主管机关的核准。不应因囚犯所受的判决而施以单独监禁。

2. 在有精神残疾或身体残疾的囚犯的状况会因单独监禁而恶化时应禁止对其实施此类措施。继续适用预防犯罪和刑事司法领域的其他联合国标准和规范提及的规定,即在涉及妇女和儿童的情况下禁止使用单独监禁和类似措施。

规则 46

1. 医疗保健人员不应在实施纪律惩罚或其他限制措施上起到任何作用。但他们应当特别注意处于任何形式的非自愿隔离中的囚犯的健康,包括每日访问此类囚犯并在此类囚犯或监狱工作人员的请求下立即提供医疗帮助和治疗。

2. 医疗保健人员应毫不迟延地向监狱长报告纪律惩罚或其他限制措施对被施以此类惩罚或措施的囚犯的身心健康产生的任何不利影响,并应在认为出于身心健康原因有必要终止或更改这些惩罚或措施时向监狱长提出建议。

3. 医疗保健人员应有权审查和建议更改对囚犯的非自愿隔离,以便确保这种隔离不致恶化囚犯的健康状况或精神残疾和身体残疾。

规则 54

囚犯入狱时应立即发给书面资料,载述以下信息:

(a)监狱法和适用的监狱规章;

(b)囚犯的权利,包括允许以何种方式寻求资料、获得法律咨询,包括借助法律援助计划,以及提出请求或申诉的程序;

(c)囚犯的义务,包括适用的纪律惩罚;

(d)使囚犯能够适应监狱生活的所有其他必要事项。

规则 55

1. 规则 54 提及的资料应根据监狱囚犯的需要以最通用的语言提供。如果囚犯不懂其中任何语言,应当提供口译协助。

2. 如果囚犯为文盲,应当向其口头传达资料。对于有感官残疾的囚犯,应以适合其需要的方式提供资料。

3. 监狱管理部门应当在监狱的公共区域突出展示资料概要。

规则 109

1. 经认定没有刑事责任的人,即后来被诊断具有严重精神残疾和(或)健康问题的人,待在监狱中会使其状况恶化,因此不应关押在监狱中,而应作出安排,尽快将他们迁往精神医疗院所。

2. 如有必要,对于有精神残疾和(或)健康问题的其他囚犯,可在专门院所在合格医疗保健专业人员的监督下加以观察和治疗。

3. 医务处应向需要精神病治疗的所有其他囚犯提供治疗。

规则 110

应该同适当机构设法采取步骤,以确保必要时在囚犯出狱后继续进行精神病治疗,并提供社会精神病治疗方面的善后照顾。

模块五

值班律师培训评估

只有通过有效监测与评估，才可以在培训前充分把握参与者需求，有的放矢，在培训后加以对照，衡量培训效果。并且，收集反馈意见，进一步完善培训模式，包括：调整培训议题及方法，改进培训的会务安排，以及发现潜在的本地培训者（未来的“讲师”）。

本培训手册设计的评估机制包括以下内容：

1. 前测与后测问卷，直接提供对参训人观念和知识转变的量化评估数据。

2. 培训者及观摩者对参与的观察和记录，提供对参训人观念转变和技能提升的定性评估。

3. 焦点小组反馈及同侪评议，提供参训人自己对技能提升的定性评估。

4. 培训后工作经验的监测，主要通过案卷记录、办案手记等渠道。这类工作比较费时费力，需要结合法律援助质量控制的常规工作来做。

5. 培训后（3个月、6个月或1年等时间节点）访谈，通过真实服务案例来呈现培训的中长期影响，并收集下一次培训的重难点议题。访谈对象包括：

（1）培训参与人；

（2）培训参与人的服务对象/受益人；

（3）其他利益相关人，比如相关地方合作部门、群团组织、社会组织等。

第十二章　值班律师培训效果评估报告

本章所收录的评估报告，是基于2018年1月一次参与式培训的前、后测问卷（详见本章附1、附2）数据完成。该参与式培训流程和现场可视化记录可见前文第七章。每次培训，都应当至少开展前、后测问卷评估，以获得即时反馈数据。通过前后对照，衡量参与培训者们在第四章所列各项目标和具体指标方面的变化。

应该指出，在第四章中所列的各项具体指标，并不能完全通过问卷形式来衡量其实现与否。还需要搭配培训者的观察、访谈等方法，来最终确定。

一、基本信息和相关经验

性别平衡是确定参训律师名单时要考虑的重要因素之一。在本次参与式培训的20名参会律师中，有10名女性，10名男性。当然，不是每次培训都要严格确保不同性别的比例，[①]比如男女各占一半。可以结合实际情况，适当调整。

本次参训者中有办理刑事案件包括刑事法律援助案件非常多的律师，也有没有经验的年轻律师，具体办案经验分布见表12－1。应该强调，在每一次培训中，这种职业经验不同的律师“混搭”，可以带来更好的培训效果。

表12－1　参训律师职业经验

参训律师	过去1年办理刑事案件数量（件）	过去1年办理刑事法律援助数量（件）
律师1	25	5
律师2	20	8
律师3	15	12

---

① 如今人们越来越认识到，性别不只男女两种，而是一个连续谱系，在人群中体现出多重性别的嵌合及多样的认同。相关科研成果可参见《环球科学》2017年10月号专题文章。因此，本评估问卷第1题问及性别，除了男女，还有其他选项。

续表

参训律师	过去1年办理刑事案件数量(件)	过去1年办理刑事法律援助数量(件)
律师4	10	0
律师5	8	0
律师6	6	3
律师7	5	2
律师8	5	2
律师9	4	3
律师10	3	0
律师11	3	1
律师12	3	3
律师13	3	1
律师14	2	0
律师15	2	2
律师16	2	0
律师17	1	1
律师18	1	1
律师19	0	0
律师20	0	0

与前述办案数量对应,这些律师的执业时间和每年接受相关法律培训的次数分布见表12－2:

表12－2 参训律师执业时间与培训情况

参训律师	从事法律职业多少年(年)	每年参加培训次数(次)
律师1	28	2
律师2	13	0
律师3	10	1
律师4	9	6
律师5	8	1
律师6	7	5
律师7	5	2
律师8	5	2

续表

参训律师	从事法律职业多少年(年)	每年参加培训次数(次)
律师 9	4	3
律师 10	4	2
律师 11	4	10
律师 12	3	1
律师 13	3	4
律师 14	2	1
律师 15	2	0
律师 16	1	1
律师 17	1	1
律师 18	1	1
律师 19	1	1
律师 20	0.5	3

二、刑事早期阶段法律援助的内容和律师作用

这一部分评估对应第四章目标中的知识层面,“提升值班律师及相关工作人员对有效法律援助、人权司法保障相关法律体系和具体权利内容的认识”。

培训前,律师们关于刑事早期阶段法律援助工作内容的熟悉程度分布见表 12-3,其中非常了解的只有 2 人。在培训之后,至少有 8 位律师从“知道一点”变成了知道;2 位律师从“不知道”变成了知道一点或知道(黑体部分)。

表 12-3　参训律师是否知道刑事早期阶段法律援助工作的内容

前测问卷		后测问卷	
项目	人数(人)	项目	人数(人)
不知道	2	不知道	0
知道一点	10	知道一点	2
知道	6	**知道**	**15**
非常了解	2	**非常了解**	**3**
合　计	20	合　计	20

此外,如表12－4所示,培训前,有5名律师觉得律师在刑事早期阶段的作用很大。在培训之后,有更多律师觉得律师在刑事早期阶段法律援助工作“非常有用”(黑体部分)。

这一部分评估对应第四章目标中的观念层面,“增强法律援助值班律师及相关工作人员对被羁押人基本权利的认识”,尤其是“值班律师意识到刑事早期阶段法律援助的意义和挑战,为此要努力提升自己的专业性和独立性”以及“律师愿意积极参与、推动值班律师制度,包括与多部门协作”。

表12－4 参训律师对律师在刑事早期阶段法律援助工作意义的了解

前测问卷		后测问卷	
项目	人数(人)	项目	人数(人)
有一点用	2	有一点用	2
有用	13	**有用**	**10**
非常有用	5	**非常有用**	**8**
合　计	20	合　计	20

三、相关技能的自我评分

这一部分评估对应第四章目标中的技能层面,“改进值班律师及相关工作人员为被羁押人提供有效法律援助的核心技能”,包括“值班律师与在押人有效沟通的技能特别是如何在短时间内建立信任,初步了解案情并提供咨询,确保告知其有关法律援助的权利,以及转介法律援助申请,发现当事人的脆弱性和特别需求”“值班律师参与认罪认罚程序的各项职能”“值班律师与办案部门的沟通技能”等。

如表12－5所示,经过培训,参与者关于值班律师技能的自我评价,特别是在认罪认罚程序中的技能,有非常大幅度的提高(黑体部分),其他各项律师技能也有明显提升(0＝不知道,1＝能力欠缺;2＝比较欠缺;3＝还可以;4＝比较成熟;5＝十分高超)。

表 12 - 5 参训律师关于值班律师技能的自我评价

技 能	前测评分(分)	后测评分(分)
作为值班律师,为在押人及其监护人、近亲属提供法律咨询,告知其相关诉讼权利以及相关行为的法律后果,保障其知情权	2.40	3.8
作为值班律师,帮助犯罪嫌疑人及其监护人、近亲属申请法律援助,保障符合条件的犯罪嫌疑人及时获得法律援助辩护律师的权利	2.35	3.8
作为值班律师,为认罪认罚程序中的当事人提供有效法律帮助	1.95	3.6
作为辩护律师,与犯罪嫌疑人会见或通信,告诉其诉讼权利及有关行为的法律后果,接受其法律咨询,保障犯罪嫌疑人的知情权	3.45	3.9
为在押犯罪嫌疑人及其监护人、近亲属撰写申请变更、解除羁押措施的法律文书,或代为申请,保障其人身自由权	3.25	3.7
为犯罪嫌疑人及其监护人、近亲属撰写申诉、控告法律文书,或代为申诉、控告,保障其人身、财产等合法权益不受侵犯	3.05	3.55
应办案人员要求,讯问未成年犯罪嫌疑人时,担任合适成年人,保障合适成年人在场权和未成年人免于非法讯问的权利	2.90	3.6
了解涉嫌罪名和案件有关情况,初步调查取证,向办案机关提出无罪、罪轻、减轻或免除刑事责任的辩护意见,保障犯罪嫌疑人获得公正追诉的权利	3.10	3.5
通过从犯罪嫌疑人、办案机关等渠道了解案件有关情况,为嫌疑人提供法律咨询和建议,包括说明其所处法律地位、享有的法律保障以及在警方讯问中的各项权利等	3.40	3.8
经办案部门同意,讯问犯罪嫌疑人时律师在场陪同,保障犯罪嫌疑人不受非法讯问的权利	2.35	3.45
申请回避,保障犯罪嫌疑人获得程序公正权	2.95	3.3

四、对值班律师的认识

这部分评估属于对目标中"观念层面"的进一步展开和交叉验证,以测量律师们对值班律师工作意义的认识。

如表 12 - 6 所示,在培训之前,有 4 名律师参与过刑事案件中的值班律师工作;有 5 名律师觉得值班律师工作非常有用,9 名觉得有用,5 名觉得有一点用。在培训之后,更多律师认为刑事案件中的值班律师工作"有用"(黑体部分)。此外,也有一些律师对值班律师是否"非常有用"进行了反思。

表 12 –6　参训律师对刑事案件中的值班律师工作作用评价

前测问卷		后测问卷	
项目	人数(人)	项目	人数(人)
有一点用	5	有一点用	2
有用	9	**有用**	**16**
非常有用	5	**非常有用**	**2**
合　计	19	合　计	20

此外,如表 12 –7 所示,在培训之前,有 5 名律师参与过认罪认罚程序,有 3 名律师不清楚认罪认罚程序中律师的作用。在培训之后,不清楚认罪认罚程序中律师作用的人减少到 0,更多律师认可律师在认罪认罚程序中的作用(黑体部分)。

表 12 –7　参训律师对认罪认罚从宽程序中的律师工作作用评价

前测问卷		后测问卷	
项目	人数(人)	项目	人数(人)
不清楚作用	3	**不清楚作用**	**0**
有一点用	1	有一点用	3
有用	10	**有用**	**12**
非常有用	6	非常有用	5
合　计	20	合　计	20

有趣的是,如表 12 –8 所示经过培训,更加了解认罪认罚程序之后,有一些律师更愿意参加,同时有 2 位律师表达了谨慎的态度,不清楚或不愿意参加这个程序(黑体部分)。

表 12 –8　参训律师是否愿意在今后更多参与认罪认罚从宽程序中的法律援助工作

前测问卷		后测问卷	
项目	人数(人)	项目	人数(人)
不清楚		**不清楚**	**1**
不愿意		**不愿意**	**1**
比较愿意	9	比较愿意	4
非常愿意	11	**非常愿意**	**14**
合　计	20	合　计	20

五、为特定弱势群体提供刑事辩护的经验

这部分评估属于对目标中“技能层面”的进一步展开,以有针对性的了解律师们为特别脆弱群体服务的经验和技能。

在参训律师中,为特定弱势群体提供刑事辩护的办案数量分布如表12－9所示:

表12－9　参训律师为特定弱势群体提供刑事辩护的办案数量

弱势群体	案件数量(件)
盲人	4
聋、哑人	8
精神障碍者	4
女性	12
未成年人	12
肢体障碍	2
低收入者	3

就为特别脆弱群体的办案能力而言,如表12－10所示,在培训之前,有10位律师觉得自己为前述弱势群体提供有效刑事法律援助的能力还不够(欠缺或比较欠缺)。在培训之后,更多律师觉得自己的相关能力“还可以”(黑体部分)。

表12－10　为前述弱势群体提供及时有效的刑事法律援助的能力

前测问卷		后测问卷	
项目	人数(人)	项目	人数(人)
能力欠缺	3	能力欠缺	1
比较欠缺	7	**比较欠缺**	**3**
还可以	5	**还可以**	**12**
比较成熟	5	比较成熟	4
合　计	20	合　计	20

此外,律师们觉得为前述弱势群体提供刑事辩护的最大挑战发生了变化,如表12－11所示:

表 12－11　参训律师为前述弱势群体提供刑事辩护的最大挑战(最多选 3 项)

挑　　战	培训前选择人数(人)	培训前选择人数(人)
当事人经济上贫困,支付不起必要的办案成本费用	7	3
刑事法律援助办案补贴比较低	9	6
当事人受教育程度低,不懂法律	7	5
承办律师太忙了,没时间仔细办案	**0**	**4**
承办律师相关经验、技能有限	**6**	**11**
承办律师与当事人交流困难	**9**	**11**
承办律师与当事人家属交流困难	5	2
女律师比较不容易获得当事人信任	0	1
办案部门不严格按照法律程序保障弱势当事人权利	**4**	**8**
办案部门不重视律师的辩护意见	5	3

可以发现,经过培训,律师们更加意识到实际操作中的问题(黑体部分):(1)值班律师任务重,可能忙不过来。(2)律师的技能以及与当事人交流的重要性。(3)律师获得办案部门支持的重要性——以及办案部门事实上没有履行其义务。相比之下,经过培训,更少的律师认为当事人贫困、办案补贴低或当事人受教育程度低是一个首要挑战(第 1～3 项)。(4)经过培训,有一些律师不再认为与当事人家属交流困难是一个重大挑战(第 7 项)。

六、分性别的统计和比较

总体而言,女性律师积极参与本次参与式培训,其发言、演练机会与男性律师平等;她们实际上的培训效果也很明显,与男性律师相比,没有落后,甚至在几项关键技能的提升中,获益比例要超过男性律师。

如表 12－12 和表 12－13 所示,就值班律师的作用而言,在培训前,有 6 名女律师认为其有用,培训后增加为 9 名;相比之下,3 名男律师在培训前认为其有用,培训后增加为 7 名。

表 12－12　前测问卷:性别＊值班律师的作用交叉制表

		值班律师的作用				合计
		没用	有一点用	有用	非常有用	
性别	男	0	4	3	3	10
	女	1	1	**6**	2	10
合　计		1	5	9	5	20

表 12－13　后测问卷:性别＊值班律师的作用交叉制表

		值班律师的作用			合计
		有一点用	有用	非常有用	
性别	男	1	7	2	10
	女	1	**9**	0	10
合　计		2	16	2	20

就认罪认罚程序中律师作用而言,有 1 位女律师经过培训,从“不清楚作用”变为“有一点用”。相比之下,实现这一转变的男性律师有 2 位。

就为弱势群体提供及时有效的刑事法律援助的能力而言,经过培训,有 3 位女律师从“比较欠缺”变为“还可以”。相比之下,实现这一提升的男性律师是 3 位。

所有参与者都觉得有显著提升的 3 项值班律师技能:

技能 1:作为值班律师,为在押人及其监护人、近亲属提供法律咨询,告知其相关诉讼权利以及相关行为的法律后果,保障其知情权。

如表 12－14 和表 12－15 所示,经过培训,有 7 名女性律师觉得自己的这项技能从“不知道”“能力欠缺”变成了“比较成熟”。相比之下,男性律师实现这种提升的人数是 4 人。

表 12－14　前测问卷:性别＊技能 1 交叉制表

		7.1 技能 1					合计
		不知道	能力欠缺	还可以	比较成熟	十分高超	
性别	男	3	1	3	3	0	10
	女	2	1	4	2	1	10
合　计		5	2	7	5	1	20

表 12－15　后测问卷:性别＊技能 1 交叉制表

		4.1 技能 1				合计
		比较欠缺	还可以	比较成熟	十分高超	
性别	男	2	1	7	0	10
	女	0	0	9	1	10
合　计		2	1	16	1	20

技能 2:作为值班律师,帮助犯罪嫌疑人及其监护人、近亲属申请法律援助,保障符合条件的犯罪嫌疑人及时获得法律援助辩护律师的权利

如表 12－16 和表 12－17 所示,经过培训,有 5 名女性律师觉得自己的这项技能从“不知道、能力欠缺、还可以”提升到“比较成熟”。相比之下,男性律师实现这种提升的人数是 3 人。

表 12－16　前测问卷:性别＊技能 2 交叉制表

		7.2 技能 2					合计
		不知道	能力欠缺	还可以	比较成熟	十分高超	
性别	男	3	1	4	2	0	10
	女	2	1	4	2	1	10
合　计		5	2	8	4	1	20

表 12－17　后测问卷:性别＊4.2 技能 2 交叉制表

		4.2 技能 2			合计
		还可以	比较成熟	十分高超	
性别	男	4	5	1	10
	女	2	7	1	10
合　计		6	12	2	20

技能 3:作为值班律师,为认罪认罚程序中的当事人提供有效法律帮助。

如表 12－18 和表 12－19 所示,经过培训,有 5 名女性律师觉得自己的这项技能从“不知道、能力欠缺、比较欠缺”提升到“比较成熟”。相比之下,男性律师实现这种提升的人数是 3 人。

表 12-18　前测问卷:性别 * 技能 3 交叉制表

		7.1 技能 3						合计
		不知道	能力欠缺	比较欠缺	还可以	比较成熟	十分高超	
性别	男	4	0	1	3	2	0	10
	女	3	1	2	2	1	1	10
合　计		7	1	3	5	3	1	20

表 12-19　后测问卷:性别 * 4.3 技能 3 交叉制表

		4.3 技能 3					合计
		能力欠缺	比较欠缺	还可以	比较成熟	十分高超	
性别	男	1	0	3	5	1	10
	女	0	1	2	6	1	10
合　计		1	1	5	11	2	20

七、其他反馈汇总

在本次培训日程安排中,第二天下午结束时已经有反馈环节,请参训者分享自己的收获。这种现场反馈的好处是,所有人都可以听到别人的分享,以及口头表达的信息量更大。为了强化这一反馈效果,更全面、准确的收集信息,培训后测问卷在末尾增加了主观题,请参会者写下自己的收获。相关统计如表 12-20 所示,从中可以看出,参会者对参与式培训方法的印象特别深,以及就值班律师作用的认识有很大提升。

表 12-20　参训律师从本次参与式培训中的收获

参训律师	收　获
律师 1	明确了值班律师的定位
律师 2	参与式的方法,换位从另一个角度看待问题,提高沟通的效率;从多角度看问题的方法
律师 3	对值班律师的了解从无到有,与大家探讨的过程中发现了很多问题,商讨了相应的对策
律师 4	认清值班律师具体工作职能

续表

参训律师	收　　获
律师5	开放式的培训方法,情景演练
律师6	技能上提升(会见、沟通);值班律师制度、认罪认罚制度认识增强;职业的认可(值班律师)
律师7	对值班律师的定位更加精准;对值班律师制度的前景有了更大的信心
律师8	培训方式的收获;分享模式;关于值班律师作用和有关技能的了解
律师9	情景演练对于互相的交流、平等对话、思维碰撞具有显著作用
律师10	换位思考
律师11	参与式、角色代入的形式非常好
律师12	形式完美,律师是一群优秀的愿意表达的人,在这里做到了;看问题的高度(不局限于底层,从高层面换位思考);知识能够扩展和补充
律师13	解答技巧和风险防范
律师14	对值班律师角色的定位,以及与当事人交流中的技巧
律师15	通过演练换位思考羁押者心态
律师16	模式新颖,十分值得借鉴
律师17	主体性互动方式很好,对值班律师的知识和技能有了初步的了解
律师18	情景互动,换位思考,引发共鸣
律师19	学习模式很棒
律师20	值班律师的定位、与辩护律师的职责界限了解的比较清楚;有效辩护标准与国内情况区别太大

此外,为了不断完善参与式培训方法的各方面细节,后测问卷设计了关于会务、议程安排方面的主观问题,相关回答收集如表12－21所示。应该强调,确保每个参会者在饮食、住宿、交通以及其他方面的多样需求得到平等表达,并且在无障碍与合理便利的范围内得到满足,是本次培训的人权主题在会务中一以贯之的体现——我们不只是“谈论”人权,我们还践行其中的平等与人道原则。

表 12－21　参训律师对本次培训的建议

项　目	内　　容
时间安排	问卷5:很好 问卷7:好 问卷9:中午休息时间稍短 问卷11:非常好 问卷12:棒 问卷14:五星好评 问卷20:满意
餐饮安排	问卷5:泰国菜有点不习惯 问卷7:好 问卷9:希望多些热的青菜 问卷11:非常好 问卷12:棒 问卷14:五星好评 问卷20:满意
其他后勤	问卷5:很好 问卷7:好 问卷11:非常好 问卷12:棒 问卷14:五星好评 问卷20:满意
主题设置, 例如可增删部分	问卷1:第一天的第一个主题应当设置前提;除律师之外的需求 问卷5:很好 问卷7:演练时建议提醒参与者不要过分演绎 问卷12:棒 问卷14:五星好评 问卷20:值班律师有这方面经验的,分享时间可以长一点
参与式方法	问卷5:很好 问卷7:非常好 问卷11:非常好 问卷12:棒 问卷14:五星好评 问卷19:很好 问卷20:满意

续表

项　目	内　　容
参与人员的构成	问卷5:很好 问卷7:如果可能,还可以更多元,比如司法局法援中心律师等 问卷8:希望多方面人员的参加,法官、检察官 问卷9:更加多元 问卷11:非常好 问卷12:棒 问卷14:五星好评 问卷15:希望加入办案机关人员 问卷19:如有其他实务部门则更好(公检法等) 问卷20:满意,理论与实践兼顾
其他方面	问卷11:情景演练太多了,可以减少一到两个 问卷12:棒 问卷14:五星好评

附1："刑事早期阶段值班律师实务技能工作坊"前测问卷

问卷编号(请您记下来,并填写在结束时的后测问卷中)：____________________

尊敬的参会者您好：

为了评估本次活动的效果,请您协助我们填答以下问卷。问卷为匿名。请保留好您的问卷编号,并将此编号抄录在后测问卷中,以便于我们前后对照分析。谢谢!

1. 您的性别:(1)男　(2)女　(3)其他
2. 您的年龄:________
3. 您过去一年承办过________(件)刑事案件,其中刑事法律援助______件
4. 您从事法律职业已经有__________年
5. 您每年参加____次法律方面的培训;
   (1)如参加,平均每次培训时间是:①不超过半天　②1 天　③2 天　④3 天或更长
   (2)如参加,您觉得之前培训的总体效果属于:①非常有用　②比较有用　③没有用
6. 关于刑事早期阶段法律援助工作的内容,您:
   (1)不知道　(2)知道一点　(3)知道　(4)非常了解
7. 关于律师在刑事早期阶段法律援助工作的意义,您觉得:
   (1)不清楚　(2)没什么作用　(3)有一点用　(4)有用　(5)非常有用
8. 请评价您自己在刑事早期阶段提供以下服务的水准(0 = 不知道;1 = 能力欠缺;2 = 比较欠缺;3 = 还可以;4 = 比较成熟;5 = 十分高超):

技　能	评分
作为值班律师,为在押人及其监护人、近亲属提供法律咨询,告知其相关诉讼权利以及相关行为的法律后果,保障其知情权	
作为值班律师,帮助犯罪嫌疑人及其监护人、近亲属申请法律援助,保障符合条件的犯罪嫌疑人及时获得法律援助辩护律师的权利	
作为值班律师,为认罪认罚程序中的当事人提供有效法律帮助	

续表

技　　能	评分
作为辩护律师,与犯罪嫌疑人会见或通信,告诉其诉讼权利及有关行为的法律后果,接受其法律咨询,保障犯罪嫌疑人的知情权	
为在押犯罪嫌疑人及其监护人、近亲属撰写申请变更、解除羁押措施的法律文书,或代为申请,保障其人身自由权	
为犯罪嫌疑人及其监护人、近亲属撰写申诉、控告法律文书,或代为申诉、控告,保障其人身、财产等合法权益不受侵犯	
应办案人员要求,讯问未成年犯罪嫌疑人时,担任合适成年人,保障合适成年人在场权和未成年人免于非法讯问的权利	
了解涉嫌罪名和案件有关情况,初步调查取证,向办案机关提出无罪、罪轻、减轻或免除刑事责任的辩护意见,保障犯罪嫌疑人获得公正追诉的权利	
通过从犯罪嫌疑人、办案机关等渠道了解案件有关情况,为嫌疑人提供法律咨询和建议,包括说明其所处法律地位、享有的法律保障以及在警方讯问中的各项权利等	
经办案部门同意,讯问犯罪嫌疑人时律师在场陪同,保障犯罪嫌疑人不受非法讯问的权利	
申请回避,保障犯罪嫌疑人获得程序公正权	

9. 您是否参与过刑事案件中的值班律师工作?

(1)是　(2)否

10. 您觉得刑事案件中的值班律师工作?

(1)不清楚作用　(2)没什么作用　(3)有一点用　(4)有用　(5)非常有用

11. 您是否参与过刑事案件中的认罪认罚从宽程序?

(1)是　(2)否

12. 您觉得认罪认罚从宽程序中的律师作用?

(1)不清楚作用　(2)没什么作用　(3)有一点用　(4)有用　(5)非常有用

13. 您是否愿意在今后更多参与刑事速裁程序或认罪认罚从宽程序中的法律援助工作?

(1)不清楚　(2)不愿意　(3)比较愿意　(4)非常愿意

14. 您是否为以下特定弱势群体提供过刑事辩护(可多选)?

(1)盲人　(2)聋、哑人　(3)精神障碍者　(4)女性　(5)未成年人

(6)其他类型的残障人,请注明障别__________

(7)其他弱势群体,请说明__________

15. 您觉得为前述弱势群体提供刑事辩护的最大挑战是什么(最多选 3 项)?

(1)当事人经济上贫困,支付不起必要的办案成本费用

(2)刑事法律援助办案补贴比较低

(3)当事人受教育程度低,不懂法律

(4)承办律师太忙了,没时间仔细办案

(5)承办律师相关经验、技能有限

(6)承办律师与当事人交流困难

(7)承办律师与当事人家属交流困难

(8)女律师比较不容易获得当事人信任

(9)办案部门不严格按照法律程序保障弱势当事人权利

(10)办案部门不重视律师的辩护意见

(11)其他____________________________

16. 关于为前述弱势群体提供及时有效的刑事法律援助,您觉得自己:

(1)能力欠缺　(2)比较欠缺　(3)还可以　(4)比较成熟　(5)十分高超

17. 您期待自己从本次工作坊中学到什么?

____

____

问卷到此结束,谢谢!

附 2:“刑事早期阶段值班律师实务技能工作坊”后测问卷

问卷编号(请将您前测问卷的编号填入此处):________________

尊敬的参会者您好:

为了评估本次活动的效果,请您协助我们填答以下问卷。问卷为匿名。谢谢!

1. 您的性别:(1)男 (2)女
2. 关于刑事早期阶段法律援助工作的内容,您:
   (1)不知道 (2)知道一点 (3)知道 (4)非常了解
3. 关于律师在刑事早期阶段法律援助工作的意义,您觉得:
   (1)不清楚 (2)没什么作用 (3)有一点用 (4)有用 (5)非常有用
4. 请评价您自己在刑事早期阶段提供以下服务的水准(0 = 不知道;1 = 能力欠缺;2 = 比较欠缺;3 = 还可以;4 = 比较成熟;5 = 十分高超):

技　能	评分
作为值班律师,为在押人及其监护人、近亲属提供法律咨询,告知其相关诉讼权利以及相关行为的法律后果,保障其知情权	
作为值班律师,帮助犯罪嫌疑人及其监护人、近亲属申请法律援助,保障符合条件的犯罪嫌疑人及时获得法律援助辩护律师的权利	
作为值班律师,为认罪认罚程序中的当事人提供有效法律帮助	
作为辩护律师,与犯罪嫌疑人会见或通信,告诉其诉讼权利及有关行为的法律后果,接受其法律咨询,保障犯罪嫌疑人的知情权	
为在押犯罪嫌疑人及其监护人、近亲属撰写申请变更、解除羁押措施的法律文书,或代为申请,保障其人身自由权	
为犯罪嫌疑人及其监护人、近亲属撰写申诉、控告法律文书,或代为申诉、控告,保障其人身、财产等合法权益不受侵犯	
应办案人员要求,讯问未成年犯罪嫌疑人时,担任合适成年人,保障合适成年人在场权和未成年人免于非法讯问的权利	
了解涉嫌罪名和案件有关情况,初步调查取证,向办案机关提出无罪、罪轻、减轻或免除刑事责任的辩护意见,保障犯罪嫌疑人获得公正追诉的权利	

续表

技　　能	评分
通过从犯罪嫌疑人、办案机关等渠道了解案件有关情况,为嫌疑人提供法律咨询和建议,包括说明其所处法律地位、享有的法律保障以及在警方讯问中的各项权利等	
经办案部门同意,讯问犯罪嫌疑人时律师在场陪同,保障犯罪嫌疑人不受非法讯问的权利	
申请回避,保障犯罪嫌疑人获得程序公正权	

5. 您觉得刑事案件中的值班律师工作?

(1)不清楚作用　(2)没什么作用　(3)有一点用　(4)有用　(5)非常有用

6. 您觉得认罪认罚从宽程序中的律师作用?

(1)不清楚作用　(2)没什么作用　(3)有一点用　(4)有用　(5)非常有用

7. 您是否愿意在今后更多参与刑事速裁程序或认罪认罚从宽程序中的法律援助工作?

(1)不清楚　(2)不愿意　(3)比较愿意　(4)非常愿意

8. 您觉得为残障人、女性、未成年人等弱势群体提供刑事辩护的最大挑战是什么(最多选3项)?

(1)当事人经济上贫困,支付不起必要的办案成本费用

(2)刑事法律援助办案补贴比较低

(3)当事人受教育程度低,不懂法律

(4)承办律师太忙了,没时间仔细办案

(5)承办律师相关经验、技能有限

(6)承办律师与当事人交流困难

(7)承办律师与当事人家属交流困难

(8)女律师比较不容易获得当事人信任

(9)办案部门不严格按照法律程序保障弱势当事人权利

(10)办案部门不重视律师的辩护意见

(11)其他________________

9. 关于为前述弱势群体提供及时有效的刑事法律援助,您觉得自己:

(1)能力欠缺　(2)比较欠缺　(3)还可以　(4)比较成熟　(5)十分高超

10. 您会在今后工作中继续联络本次培训中新认识的哪位或哪几位参会者?

____

____

11. 您从本次工作坊中获得了什么(如印象最深的环节,或者最实用的知识或技能)?

____

____

____

12. 关于本次工作坊,您有何建议?

时间安排	
餐饮安排	
其他后勤	
主题设置,例如可增删部分	
参与式方法	
参与人员的构成	
其他方面	

问卷到此结束,谢谢!

附3：刑事早期阶段法律援助访谈提纲（值班律师篇）

1.【个人信息】您的个人信息（姓名、性别、年龄、执业年限等）——您的个人信息将仅用于访谈之后的研究分析，如果发表文章有引用，都会进行匿名处理。

2.【援助阶段】在2012年《刑事诉讼法》实施以来，你从事的刑事法律援助案件中，一般是如何进入刑事法律援助程序？办案部门直接通知（指定辩护、申请法援）到律师，还是司法局指定？

（1）一般在哪个阶段开始提供法律援助？

（2）其中，有没有当事人（特别是在押嫌疑人、被告人）或其家属自己申请刑事法律援助的情况？是在哪个阶段？

3.【援助数量】您每年办理多少刑事案件，其中免费的援助案件有多少？

（1）在2012年《刑事诉讼法》实施以来，您接受刑事法律援助指派的数量是否有增加？

（2）增加的主要是哪些类型的案件（未成年人、死刑、无期、盲聋哑、精神疾病，等等）？

（3）特别关注在您办理的刑事法援案件中，有多少是女性、残障嫌疑人或被告人案件，这类案件有何特别之处？

4.【援助内容】一般在每个阶段（侦查、起诉、审判）会见几次？每次会见多长时间？主要谈什么内容（了解案情、传达亲友问候、解释法律和权利、准备辩护策略等）？

（1）除了会见，您开展刑事法律援助工作的主要内容是什么，例如收集证据、在侦查起诉阶段提出意见？在哪个阶段阅卷？举证、申请证人、法庭质证，在法庭提出辩护意见？举证和辩护主要围绕有罪无罪、罪轻、还是法定或酌定量刑情节？

（2）在审前阶段（早期阶段），您的工作重点是什么，与后续阶段的工作有何不同？

5.【援助效果】从法院判决来看，刑事法律援助的实际影响有哪些，比如无罪辩护，量刑意见得到采纳（从轻、减轻情节？）？

（1）除了法院判决结果，还有哪些方面可以评价刑事法律援助的质量，比如对嫌疑人、被告人精神上的支持,程序权利的告知、解释,等等。

(2)刑事法律援助的办案质量,与个人委托(收费)办案的质量比较,孰优孰劣?

6.【实务部门的态度】公检法等部门对刑事法律援助案件中的辩护律师,以及个人委托的辩护律师,态度是否有所不同,有何不同?

(1)例如法院是否会更倾向接受法律援助律师的辩护意见——尽管其可能主要属于法定量刑情节方面的意见;看守所是否更乐于安排法律援助律师的会见等?

(2)尤其是在刑事早期阶段,值班律师或法援辩护律师开展工作是否顺利?

(3)特别关注在认罪认罚程序中,值班律师如何与检察官沟通?请举出近期的案例。

7.【当事人的态度】刑事法律援助案件中的嫌疑人、被告人(及其家属),对援助律师的态度、认知、评价如何?

(1)他们是否信任国家派来的律师,是否认为辩护能够起到实际作用?

(2)他们能否区分值班律师的独特作用?

8.【值班律师培训反馈】您是否参加过值班律师专题培训?

(1)如果参加,您觉得培训效果如何,印象最深或对您帮助最大的环节是?

(2)在培训之后,您有没有从事值班律师工作?是否用到了培训学到的哪些新观念、新知识、新技能,请分享具体案例说明。

(3)您觉得在看守所里的值班律师能否帮到被羁押人,这一工作有哪些实际作用,面临哪些挑战?

(4)您觉得值班律师参与认罪认罚程序,与辩护律师的异同点在哪里?

9.【对刑事法援的整体评价】您认为当前刑事法律援助制度的发展趋势如何?

(1)您认为当前刑事法律援助的范围和启动程序是否合理——分别就指定辩护和依照申请的刑事法律援助而言;"应援尽援"意味着什么,所有在看守所里面的人是否都获得一次当面咨询值班律师的机会?

(2)从事刑事法律援助的律师数量是否足够,为什么?是否因为觉得办案补贴太少;律师没有实质作用(辩护意见不被采纳,没有经费或合法空间取证、举证、质证);决策者(或者公众意识、传统文化)不重视刑事辩护、程序正义;风险高;或者其他原因?

(3)提示制度变革的不同时间节点:

①2015 年 6 月 29 日,中共中央办公厅、国务院办公厅印发了《关于完善法律援助制度的意见》,您觉得(或实际上感受到)这个对当地刑事法律援助的影响如何?

②2017 年,最高人民法院、最高人民检察院、公安部、国家安全部、司法部联合发布的《关于开展法律援助值班律师工作的意见》,以及最高人民法院、司法部发布的《关于开展刑事案件律师辩护全覆盖试点工作的办法》,有何实际影响?

③2018 年《刑事诉讼法》关于值班律师作用的新规定,您怎么看?

10.【激励机制】您觉得自己继续从事刑事早期阶段法律援助有意义吗,其最大的价值是什么?例如:

(1)功利考虑,给青年刑辩律师增加经验;为自己增加名声;与司法行政部门、办案部门建立良好关系;

(2)遵守"律师—当事人"职业伦理要求:为当事人服务,提供有效辩护;

(3)更具个人理想主义的考虑:为了社会正义、人权,为了实现律师守护正义的价值,等等。

附4:访谈技巧

如何做好定性研究中的访谈①

实地调研者的生活在于:多走,多去看,体验,谈话,思考,记录。旅游看到的是表象风景,调研了解的是人文,亦即不同的看法、想法。这简直是比环游世界更兴奋的事情。

——耿曙

1. 访谈之前的规划

(1)访者分好小组,现场确定1个人主问,其他人记录和小声提醒。

①共享问题清单,临时调整顺序。例如,2~3人一组,一人主问,问完了一组问题在做笔记的空白期,另一人适时“补位”提问。

②听不懂方言,怎么办?自己想办法在小组中搭配“翻译”;其实跟外语听力题很像,可以结合语境猜一些答案。

③积累一定经验之后,访者独自开展“一对一”访谈效果可能更好。

(2)确定当事人(故事/现身),作为访谈对象谈谈自己的看法,也可以是作为消息来源(informant),谈别人。

(3)考虑受访人数,同时在场与否(例如夫妻一方可能抑制另一方,或者激发另一方);如果不是做焦点小组,受访者以一人在场比较好。

(4)选择访谈环境,氛围无干扰;不能坐太近,浑身不自在;可以二人坐90度角,让受访人有直视的空间。

(5)规划访谈步骤:寒暄—介绍—漫谈—访谈—再访(要不要再来)。

(6)准备答谢礼物。

①礼轻义重即可,比如带机构、项目logo的纪念品;再如收到茶叶礼品的人,可能难以判定其价值——看起来很贵的样子。

---

① 部分内容基于上海财经大学耿曙老师在2013年杜克大学、北京大学“中国公共管理与政治学研究方法暑期培训班”的讲义整理。另可参见风笑天主编:《社会学研究方法》,中国人民大学出版社2009年版,第十章“实地研究”。

②实践中的替代方案:我们在一些聋人法律需求访谈中,实际上是以请喝咖啡(饮料、点心)并报销交通费用的形式表示酬谢。

(7)背景知识。这个其实不是"技巧",但值得强调。充分了解访谈话题(特别是资浅的志愿者),掌握背景知识,才不会出现:把访谈提纲问题问完了,就没有问题可以问;或者对于中间一些关键点,放弃了追问的机会。比如某次聋人法律需求访谈,直到访谈中后期才明确提出权利、法律援助的话题;并且访员自己也还不太了解法律援助的实际运作和可能意义,就难以"抓住"(capture)访谈对象的相关经验或评价。

2. 哪些内容需要做笔记

(1)范围:

不只是对话内容,还包括非语言的姿势与态度,例如有些停顿、表情、语气。

(2)形式:

①录音,或笔记。笔记是关键搭配,当场要理解,事后尽快整理。

②正式访谈开始,跟受访者询问是否可以录音。可以先和受访者建立联系,熟悉之后才开始正式访谈。也可以开始不用录音笔,过一段之后,说你讲得很好,能否用录音笔来帮忙。尽管同意了,也不要让受访人看见录音笔在工作,避免干扰。录音的问题在于,不能现场翻查之前的记录;也难以随手记录非正式的信息。访谈时有人在一边做速记当然更好。

③多人记录也很好。如果访谈当晚要应酬,完了还要回去整理笔记,这是痛苦。建议团队分工,专人应酬,别的人整理笔记。

(3)惯例:

在内容之外,记录受访者的基本资料,以及调查员自己的访后简评。多人多组访谈,还可以当晚做一个关于访谈心得的讨论。

在访谈之后,及时整理记录,初步分析,整理焦点。及时特别重要,因为录音1个小时整理可能要4个小时,间隔时间越长,就越费劲,择要尽快整理。此外还有笔记转写。

3. 如何找到定性研究的意义

定性研究做得深,才有价值。第一,要多访谈,深入访谈(交朋友)。第二,要找到和揭示意义。这样才跟记者的调查有分别。定性研究中的访谈,通过以下途径和过程找到意义:

(1)起源于自由、分享式的触发与感受。可以请对方讲一讲尘封已久的往事,例如最开始是怎么选择做这一行的。

(2)不断尝试,反复融入,贴近当事人,揣摩当事人的视角(from the native point of view)。

(3)将全过程的互动,作为分析文本。

①这有两大素材来源,访谈逐字稿和札记(field notes)。

②分析目标是行文背后的意义,可以运用深描(thick description)手法。例如当事人的一个眼神,眨眼,传递一个心领神会的意义。再如吉尔兹观察到,在巴厘岛斗鸡场,突然下注金额变大、人变多、分化为两极,所有人全情投入。原来当一个家族成员下注在某只鸡,敌对家族整体跟风下注另外一只鸡。从斗鸡看到家族的争斗,进而揭示巴里岛社会制度的基本组织原则:家族的团结与紧张关系。

(4)凭借:搭配个人经验、当事生命史和地方文化。例如,某学者研究1930年代我国台湾中南部地区的童养媳现象,如何体味受访者的个人经验:她们不说被打、被歧视,而说自己不能看"灰太狼跟喜洋洋"——要去做饭,第二天到学校,同学"讲电视",自己沉默——这是压抑的一个象征,受访人担心同学由此知道自己是被领养的人。

(5)深化:例如个别与整体、案例与环境的循环深入。

(6)重构:情节展现意义(读者可以再诠释)。例如一个特别的情节或印象深刻的场景,传达出受访者的感受:在那个乡村小站,火车来了又走,女孩背着包袱,一直没有上车。

4. 访谈之一:开场

(1)来者何人(以及知情同意是重要的访谈伦理):选择访谈人自己的身份(出现方式);诸多身份,带来进入访谈的不同优势;考虑部分还是全部揭露研究目的,也是一个选择。另外,录音当然要征得当事人同意。

(2)投石问路:联系对象;逐步建立关系,扩充联系网络。滚雪球的方法很有用,说不定还会滚到后来刹不住车,大家都过来围观。

(3)明确预期:及早联系,通过渐进手段(先公文、再电邮、电话,面见),明确起止时间(考虑到如果是饭点结束,要不要安排吃饭)和相关基本流程。

5. 访谈之二:漫谈

漫谈做得好,最显出一个人的访谈功底。

(1)内容:关于受访背景、生活历史等,引导议题方向。

例如做聋人法律需求访谈中,访员过于直奔主题:上来就问访谈对象父母的情况(是调研的直接对象群体,聋人),可是没问访谈对象自己的教育、工作等生活经历,不太合适。

(2)作用:润滑气氛,搜集背景,示范互动,赋能访者;多问问题,从随意的问题开始,可以进入问答的节奏(1~2小时);访谈一次之后,吃个饭(喝个酒),交情深,下次再访。

例如,某次访谈间歇,同学们聊起来考法考、托福,考研、出国等问题,访谈对象是专科毕业,工作多年——她有些无法加入这个谈话,不太合适。

6. 访谈之三:访问

(1)访谈题目的类型:

①表层(行为、经验、认知、过程、后果)。

②深层(背景、原因、感受、意义、评价)。

(2)程序:

①先易后难,先具体后抽象,先开放后封闭。

②将话题串在一起,只为了简短的信息补充而中断或闪回问题。

③在访谈末尾,整理记录,对访谈内容核实,概念语汇澄清。

(3)跟进问题的方法:请解释原因,请举例说明,请确认调查员重复的某个答案;假装反对,假借别人的视角来跟受访人辩论。

①例如在访谈对象(或者叫研究伙伴)说聋人父母去看病的时候最不方便,访谈员自然追问,能讲讲印象深的一次具体事例吗?

②再比如,访谈员提及,“上次访谈的时候,我们听说(或者看到、发现)聋人在工作中曾经遭到歧视,但我觉得他们其实跟一般人没差别的……”以此可以:第一,显示自己积累的经验,不是“小白”;第二,引发对象的共鸣(聋人跟一般人没差别);第三,引出接下来要讨论的话题,“工作中的歧视与法律问题”。

(4)补白的作用:明知故问,希望能够在受访人的叙述中获得更多关于某个事件的细节说明;同时,这种问题可以填充下一个问题提出来之前的时间。

7. 访谈中的人际关系

(1)团队关系,分工搭配、讨论分享、情感支持(不会那么容易放弃),观点激荡(当天晚上整理逐字稿,边讨论),分享共构。

(2)受访关系:

①基本伦理:知情同意,互惠,平等。访者真诚的倾听、理解和称赞就是最好的回馈。

②注重信任强化与讯息交流。最好不要把访谈记录给对象看,除非受访人要求看,或者明显不放心;对内容不确定的自己再去确认,受访人看了记录或会导致麻烦。

③访谈信息要匿名化处理。

④有时候涉及关系协商,破裂与恢复(尊捧—冲撞)。对于自己的身份和目标,披露与否,在于考虑暴露自己的研究身份会否导致受访人的担忧。如果对方刨根问底,或者可以"神秘兮兮地"告诉对方,"我当你是兄弟,告诉你,我是来做研究的"。这样建立一个同盟,将暴露身份的策略,作为争取友情的工具。

8. 反思访谈技巧

为开展评估或质性研究而进行访谈,需要专门训练;访谈技巧在不断练习、反思中,才能提升。访者应该不断观照自己的"刺激—思考—表达"的访问模式。并尤其注意到:

(1)倾听。听比问更重要。

(2)鼓励对方表达。

①自然表现:目光交流,点头,提问(表明自己注意在听),表情(讶异或认同)。工具做法:认可/赞扬的回应,费解—质疑的态度,自我暴露某种感受,重组对方的话以为总结,引用原话挑战其叙述等。例如访员问"居委会在保护聋人权利中有啥作用?"受访人摇头。访员问"你摇头摇得好快,是有这方面的实际经验吗";然后受访人讲了她的具体经历。这个"你摇头摇得好快"的回应很赞,是很投入的倾听与很细心的追问。

②不能太拘泥于访谈提纲,忘了追问"故事"的来龙去脉。请讲者解释某个"说法"或判断的原因;请举例说明。

(3)融入、重演。将心比心,假如我在他这个位置,感同身受;在那个气氛中,或会潸然泪下。当然,冷静也有冷静的好处。各种言语之外的情绪,也传递出很重要的信息,有助于了解这个场景。

(4)表达、分享。好的定性研究,要与人分享,包括与访谈对象分享相关体验。通过分享或讲故事的方法,以及研究、写作,来实现提升。

9. 应对访谈中的挫折

从经验来看,访谈者的德性可能包括"豁出去,别害羞""淡定自若""同情""体贴"等。访谈常常会碰到各种干扰、挫折与困难,好的访者对此要有所准备,不至于束手无策、怨天尤人。这包括:

(1)挫折管理。

①要有心理准备,别人一开始就拒绝是天经地义的事情。吾辈有求于人,对拒绝有时候完全无能为力,就奖赏一下自己——跑去"玩",例如某调查员选择参观虎门海战博物馆,被拒绝多次,无奈之下,去了很多次博物馆。

②聊了一会儿实在聊不下去,不必强求,再找新的访谈对象。别人完全没有义务继续跟你聊——以淡定态度应对别人的拒绝乃至嘲讽(比如说问这些问题有什么用?)。

③回应轻蔑态度。保持自信,展现自己的中立身份和专业经验。

④应对不耐态度。转化问题,聊其得意的问题,再转回来。放低姿态,以学习的态度请教。要打心眼里对人家的经验感兴趣,一副听得津津有味的样子,不断点头应和,不断记笔记,可以鼓励讲述者打开话匣子。

(2)处理各种"尬聊"的策略。

①坚持追问:你不讲,我也不讲,出现令人窒息的20秒,受访人不得不开口。如果其回避问题,过一会儿再问。同时铭记前一点,如果再三询问,对方都不愿意回答,也真的不必勉强。随时拒绝回答问题是别人的自由。访谈的深度程度常常取决于受访者和访谈者的关系。如果两人关系较远,即使不断追问,可能也很难获得答案。不如多接触,多相处,时间久了,别人自然会打开话匣子。

②迂回再问:问自己的情况不回答,问对别人的看法(例如如何看待别人的婚前性行为)。归责他人,举他人的观点来论辩。

③小结对方之前的话,拉回跑题。其实有时候对方没有跑题,用自己的话或对方的关键词,小结对方的一大段话或重要观点,也是一种必要的确认,为继续对谈奠定共识基础。

④跟进"敏感"问题。比如受访人在访谈时不说,后来在饭桌或其他没有拿

记录工具的场合，分享了一些信息，当场不便再拿出来记录，可以考虑中途离席到卫生间用小本子或手机记录要点。当然要注重为当事人保密。

(3)把握时机的策略。

①引导访谈逐步进入融洽情境，感受访谈气氛、能量状态的变化。

②不要太"急功近利"，指望跟法庭质证一样直来直去，很快得出设问的答案。而是设身处地想想，我们自己平时陈述一些事情，也会前言不搭后语，或者一时没有重点。要有耐心，慢慢引导，听访谈对象讲自己的故事，按照时间顺序、故事发展的逻辑顺序提问，补充完整相关细节。

③应对外界干扰。坚定不移，回溯背景，继续访谈。例如，秘书"乱入"提醒："经理，10 点半还有个会"，你坚持继续访谈，只要他不开口赶人。

④应对改时间的问题。如果你到了之后受访人要走，立即再约时间。还可以边走边问，比如只问一个问题，获得最关键的回答。

⑤留出机动时间，对方可能会临时有事，准备早一点到或晚一点走。

模块六

值班律师阅读材料

司法部发布法律援助值班律师工作典型案例

值班律师助嫌疑人免予刑事处罚①

值班律师认为犯罪嫌疑人对社会危害性较低,建议免予刑事处罚,法院采纳这一意见,判处免予刑事处罚;值班律师为外国人提供法律咨询,解释中国法律规定,协助其申请法律援助……

9月28日,司法部发布6个法律援助值班律师工作典型案例。值班律师提供的法律帮助包括:解答法律咨询、申请变更强制措施、帮助进行程序选择、帮助犯罪嫌疑人申请法律援助、对检察机关量刑建议提出意见、见证犯罪嫌疑人签署认罪认罚具结书。

1. 申请变更强制措施获采纳

今年7月2日晚,曲某在浙江省杭州市余杭街道邮政储蓄银行银联机上办理取款时,发现机器里有一张卡未取出,遂从该卡中取出3000元现金,并与同伙进行分赃,被公安机关查获。曲某主动交代犯罪事实,认罪认罚。

7月25日,法律援助值班律师在看守所为曲某提供法律帮助。值班律师向曲某详细介绍了认罪认罚从宽制度和值班律师在认罪认罚从宽程序中提供法律帮助的内容,并向其告知罪名相关的法律规定。

在提供法律帮助过程中,值班律师了解到犯罪嫌疑人曲某案发前无前科,一直在某公司所属工程部做工,家中父母年迈,孩子幼小,他作为家中唯一的劳动力,一家老小靠他一人供养,这次犯罪有一定的偶然性,本人诚心悔改。同时,曲

① 《值班律师助嫌疑人免予刑事处罚》,发布于2017年9月28日,载司法部政府网:http://www.xinhuanet.com/legal/2017-09/28/c129714156.htm,最后访问日期:2018年11月3日。

某还向值班律师反映,他所在的工程部负责人会为其担保取保候审,表示不会再给社会造成危害。

于是,值班律师联系了公安机关办案人员,提出为曲某申请变更强制措施。最后,公安机关通过核实,采纳了值班律师的意见,决定对犯罪嫌疑人曲某取保候审。

2. 帮助嫌疑人进行程序选择

犯罪嫌疑人倪某系上海某公司业务员,受该公司实际控制人陶某指使,采取虚假方式骗取海关手册并核销,造成该公司偷逃税款 423 万余元。

今年 8 月,上海市法律援助中心安排上海思义律师事务所律师为倪某提供值班律师法律帮助。值班律师准时到达上海市人民检察院第三分院,与倪某进行沟通了解到,倪某工作时间不长,对于业务不熟悉,法律意识淡薄,在陶某的指使下,走上犯罪道路。值班律师告诉倪某,检察院认定其自首、从犯的从轻、减轻情节,是充分考虑实际案情及其认罪态度后的宽大处理。倪某对于自己的犯罪行为供认不讳,愿意认罪认罚。

按照法律规定,涉案金额达到400 万元以上的案件至少是3 年以上有期徒刑的量刑幅度。最后,检察院向法院提出 5 个月以下拘役并适用缓刑的量刑建议,倪某表示十分感谢司法机关的从宽处理,以后绝不会再犯。在值班律师的见证下,倪某自愿签署了认罪认罚具结书。

3. 帮助嫌疑人申请法律援助

去年 5 月 11 日,上海合勤律师事务所律师受闵行区法律援助中心安排在闵行区看守所值班,对涉嫌贩毒罪的犯罪嫌疑人宋某提供法律帮助。

宋某对检察机关认定的贩毒克数表示异议,值班律师了解案情后,认为宋某符合上海市法律援助条件,帮助其就被控贩卖毒品一案申请法律援助,向闵行区法律援助中心转交了申请材料。闵行区法律援助中心审核申请材料后,安排值班律师对宋某提供了法律援助。

4. 见证签署认罪认罚具结书

今年 8 月 21 日,河南金纬律师事务所律师在郑州市第三看守所值班时,一名检察官来到值班室,称有一起故意伤害案犯罪嫌疑人李某自愿认罪,需要值班律师提供帮助。

检察官向李某讲解认罪认罚从宽制度的适用情形,并出示认罪认罚告知书。

值班律师向李某分析了选择认罪认罚从宽制度的自愿性、简易性以及可能发生的法律后果,犯罪嫌疑人李某表示同意适用认罪认罚从宽程序。

检察官根据李某无犯罪前科、赔偿受害人及获得谅解等量刑情节,作出“有期徒刑6个月,缓刑1年”的量刑建议。值班律师根据相关法律规定,向李某分析这个量刑建议是否合理,由其自愿选择是否适用。最后,李某选择适用认罪认罚从宽程序,检察官出具认罪认罚具结书由其自愿签名,值班律师在场见证了具结书的签署。

5. 对检察机关量刑建议提意见

2018年7月19日上午,河南省郑州市金水区法律援助中心安排金博大律师事务所律师为犯罪嫌疑人贺某涉嫌危险驾驶罪一案提供值班律师法律帮助。值班律师听取了检察官对案情的简要介绍,查阅了起诉意见书,向贺某询问整个案发经过后,制作了询问笔录和征询意见表。

值班律师认为,贺某确属醉酒驾驶,但其酒精血醇含量仅80.78mg/100ml,情节轻微,也未行驶在城市高架桥或者城市快速路上,没有发生交通事故,未造成实际损害且认罪认罚。根据我国刑法的规定,本案社会危害性较低,可以对贺某免予刑事处罚。检察院出具的认罪认罚从宽具结书中建议,对贺某拘役1个月到两个月,适用缓刑并处罚金,贺某未提出异议。值班律师向检察官提出免予刑事处罚的法律意见,检察官答复无法采纳。值班律师在提交的《提供法律帮助律师意见书》中,坚持了“免予刑事处罚”这一建议。最终,该案被金水区人民法院判处免予刑事处罚。

6. 值班律师解答法律咨询

2014年11月5日,尼日利亚籍人阿某因犯贩卖毒品罪,被广东省广州市中级人民法院一审判处有期徒刑15年并处罚金4万元。上诉期间,阿某向看守所法律援助工作站提出法律咨询请求。

值班律师认真接待阿某,向其解释中国相关法律规定,解答其咨询的法律问题并做好记录,告知其申请法律援助的条件和范围,协助其申请法律援助。阿某于同年12月22日向广州市法律援助处寄送法律援助申请书及上诉状。

五部门共推值班律师工作　今年已有16.7万余人次获服务①

中国网新闻9月28日讯(记者 金慧慧)9月28日,司法部联合最高人民法院、最高人民检察院和公安部召开新闻发布会,就法律援助值班律师工作进展情况进行新闻发布。

今年8月,最高人民法院、最高人民检察院、公安部、国家安全部、司法部联合印发《关于开展法律援助值班律师工作的意见》(以下简称《意见》),对推进法律援助值班律师工作作出部署。

据司法部法律援助工作司司长白萍介绍,目前,全国共建立看守所法律援助工作站2300余个,覆盖率达到88%;人民法院法律援助工作站1700余个,覆盖率51.7%。部分省份实现了看守所和人民法院法律援助工作站全覆盖。2017年以来,各地法律援助值班律师共为犯罪嫌疑人、被告人解答咨询16.7万余人次,转交法律援助申请1.9万件。

白萍表示,下一步,司法部将联合办案机关加大法律援助值班律师工作推进力度,努力在2017年底实现看守所、人民法院法律援助工作站全覆盖,2018年7月各地要基本建立值班律师工作运行机制。

《意见》要求公检法司等国家有关机关建立刑事法律援助工作的联席会议工作机制。司法部推动各地建立刑事法律援助工作联席会议,定期沟通法律援助值班律师的工作情况。

各地法院、检察院和公安机关在工作站建设、会见等方面对值班律师工作提供便利和必要的支持。各地司法行政机关和法律援助机构及时将值班律师名册或人员信息送交或告知人民法院、检察院、公安机关、看守所,根据工作站需求和当地律师资源,统筹调配律师资源,确保满足当事人法律援助需求。

公安部监所管理局副局长游蓉,在发布会现场回答中国网记者提问时指出,看守所的工作是为法律援助工作站提供必要的办公场所和设施,完善收押告知内容,为值班律师会见犯罪嫌疑人、被告人提供便利。下一步将尽快实现看守所

① 《五部门共推值班律师工作　今年已有16.7万余人次获服务》,发布于2017年9月28日,载中国网:http://news.china.cn/txt/2017－09/28/content41662160.htm,最后访问日期:2018年11月3日。

全覆盖,为在押人员提供便捷高效的法律咨询服务。

去年全国人大常委会授权两高在部分地区开展刑事案件认罪认罚从宽制度试点。在试点办法中,就发挥法律援助值班律师的作用作出了明确规定。最高人民检察院研究室主任万春表示,法律援助值班律师在为犯罪嫌疑人、被告人提供有效的法律帮助,确保他们了解认罪认罚的性质和后果,自愿认罪认罚发挥了重要作用。

最高人民法院立案庭副庭长续文钢则表示,值班律师在化解纠纷、分流案件方面发挥了重要作用,目前全国已有1700余个人民法院设立了法律援助工作站,河南、浙江等省的人民法院已经实现了法律援助工作站全覆盖。最高人民法院延伸拓展了值班律师的服务范围,通过值班律师提供免费法律咨询、指引和协助相关符合条件的当事人申请法律援助、代写法律文书等,满足广大群众的法律服务需求。

为确保值班律师提供法律帮助的质量,司法部严格值班律师选任条件,规范值班律师服务行为,加强值班律师的业务指导和监督管理。

各地陆续出台相关规范。杭州提高了值班律师的准入门槛,准入资质由2年以上执业经历提高到3年以上,且承办过10件以上的刑事案件。湖北省明确取消值班律师资格的几种情形,并规定一旦取消,3年内不得入选值班律师,并且通报给律师协会。

“急诊医生”提供迅速便捷法律帮助[①]

——“两高两部”相关负责人就法律援助值班律师制度答记者问

法律援助值班律师工作,是指在法院、看守所派驻值班律师,为犯罪嫌疑人、被告人提供法律咨询、程序选择、申请变更强制措施等法律帮助。因其提供迅速便捷的法律帮助,人们常常把值班律师比喻成“急诊医生”。近年来,我国法律援助值班律师工作已逐步在全国范围内推广,值班律师在保障犯罪嫌疑人和被告人权利、促进司法公正等方面发挥了重要作用。

---

① 《“急诊医生”提供迅速便捷法律帮助》,发布于2017年9月29日,载司法部政府网:http://www.moj.gov.cn/Department/content/2017-09/29/612_8754.html,最后访问日期:2018年11月3日。

9月28日,“两高两部”联合举办新闻发布会,司法部法律援助工作司司长白萍,最高人民法院立案庭副庭长续文钢,最高人民检察院检委会委员、研究室主任万春,公安部监所管理局副局长游蓉,就公众关注的法律援助值班律师制度相关问题回答了记者的提问。

严选严管确保值班律师服务质量

记者:法律援助值班律师的筛选标准是什么?如何确保值班律师提供法律帮助的质量?

白萍:做好法律援助值班律师工作,派驻值班律师是第一步,更重要的是值班律师职能作用得到有效发挥,这对值班律师服务质量提出了要求。为提高值班律师服务质量,我们从律师选任、规范行为、业务指导和监督管理等方面作出了具体规定。

一是严格值班律师选任条件。法律援助机构要综合社会律师和法律援助机构律师政治素质、职业道德水准、业务能力、执业年限等确定法律援助值班律师人选,建立一支专业的法律援助值班律师队伍。有条件的地方可以组建法律援助值班律师库,提高值班律师队伍专业化水平。例如,杭州推进值班律师队伍专业化建设,提高律师准入门槛,准入资格由原来的必须执业2年以上改为3年以上,并且要承办刑事案件10件以上。

二是规范值班律师服务行为。明确值班律师“必须做”和“不能做”的行为界限。“必须做”包括持证服务、挂牌上岗、亮明身份,现场记录当事人咨询的法律问题和提供的法律解答,解释法律援助的条件和范围,对认为初步符合法律援助条件的当事人引导其申请法律援助。“不能做”包括不得误导当事人诉讼行为,严禁收受财物,严禁利用值班便利招揽案源、介绍律师有偿服务及其他违反值班律师工作纪律的行为。

三是加强业务指导。要求法律援助机构加强对值班律师的工作指导,同时,开展对值班律师职责、服务内容、执业纪律、刑事诉讼法律知识方面的业务培训,促进提高值班律师业务水平。例如,上海针对值班律师参与认罪认罚案件联合检察院构建值班律师见证具结规范流程,并邀请法检资深办案人员就刑事案件办理、认罪认罚从宽试点工作等为值班律师授课,提高其专业水平。

四是加强监督管理。司法行政机关要加强日常监督管理,对律师在值班律师工作中的违纪行为依法依规处理,促进提高值班律师服务质量。法律援助机构要及时统计汇总犯罪嫌疑人、刑事被告人涉嫌罪名、简要案情、咨询意见等信息,定期运用征询所驻单位意见、当事人回访等措施了解值班律师履责情况,对值班律师实行动态化管理,并向律师协会通报法律援助值班律师履责情况。律师协会要将法律援助值班律师履责情况纳入律师年度考核及律师诚信服务记录。例如,湖北严格规范值班律师管理,明确取消值班律师资格的几类情形,并按规定通报律师协会,3 年内不得再次入选值班律师。

上述措施有效保证了值班律师的服务质量。接下来,我们还将继续完善质量保障措施,努力为犯罪嫌疑人、被告人提供优质法律帮助,切实维护其诉讼权利。

绝大多数看守所设立法援工作站

记者:值班律师的服务对象是没有辩护人的犯罪嫌疑人和被告人,看守所是羁押犯罪嫌疑人、被告人的场所。请介绍一下看守所在推进法律援助值班律师工作方面的具体情况?

游蓉:2011 年以来,全国一些看守所推进管理机制创新,探索设立法律援助工作站、联系法律援助律师,为在押人员及其家属提供法律咨询、转递法律援助申请等法律帮助。2014 年 4 月,公安部专门下发通知,要求各级公安监管部门协调司法行政部门和律师协会,设立法律援助中心驻看守所工作站。2014 年 7 月,公安部推出 16 项便民利民措施,其中一项就是"关于在看守所内设立法律援助中心工作站,为被监管人员提供法律服务"的内容。这些工作为出台"两高三部"的《意见》提供了实践基础。

在公安部的推动下,目前全国绝大多数看守所已经设立了法律援助中心驻看守所工作站。为推动法律援助工作的顺利开展,我们主要做了以下几个方面的工作。一是为法律援助工作站建设提供必要的办公场所和设施。在看守所调整出房间,配置桌椅等办公家具,制作并悬挂"××法律援助中心驻看守所工作站"标识牌,设立指引标示,为值班律师开展工作提供办公条件。二是入所即进行权利义务告知。全国所有看守所都建立了在押人员权利义务告知制度,将获得值班律师帮助的内容纳入其中,在犯罪嫌疑人、被告人收押入所时即告知,确保其对值班律师服务的知情权。三是为值班律师会见当事人提供便利,及时转递在押人员法律帮助申请,及时安排值班律师会见。

下一步,公安部将采取有力措施,进一步加大看守所法律援助中心驻看守所工作站建设力度，尽快实现法律援助中心驻看守所工作站全覆盖。同时，公安部将总结推广一些好的经验做法，进一步完善规范法律援助中心驻看守所工作站值班律师工作运行机制，便捷高效地为在押人员提供法律帮助。

认罪认罚从宽中简程序不减权利

记者：值班律师在认罪认罚从宽制度改革试点中承担哪些具体职能，请介绍值班律师在这方面的工作情况？

万春：去年，全国人大常委会授权两高在部分地区开展刑事案件认罪认罚从宽制度试点，“两高三部”联合印发了试点办法，在北京等 18 个城市开展试点工作。试点办法就发挥法律援助值班律师作用作出了明确规定，除了要承担一般案件中提供法律咨询、转交法律援助申请等职责外，值班律师还要提供程序选择、对检察机关量刑建议提出意见、见证签署具结书等服务。

认罪认罚从宽是推进案件繁简分流的重要方式，对于认罪认罚的当事人，量刑上将从宽，程序上将从简。如何保障犯罪嫌疑人、被告人获得有效法律帮助，确保其了解认罪认罚的性质和后果，自愿认罪认罚，是试点需要着重解决的问题，也是值班律师工作职责的主要内容。

围绕这一重点，值班律师要开展相应工作，比如向犯罪嫌疑人、被告人阐明认罪认罚的性质和可能产生的程序后果、实体后果，帮助其进行程序选择，见证其签署具结书等，这些工作都是为了保证认罪认罚的自愿性。

通过案例我们能够更清楚地看到值班律师在认罪认罚从宽试点中的作用。在试点城市杭州市西湖区检察院办理的刘某盗窃案中，刘某在侦查阶段对部分犯罪事实认罪认罚，进入审查起诉阶段也没有委托辩护人。检察机关的承办人按规定通知值班律师为刘某提供法律帮助后，刘某全部认罪。人民法院对刘某从轻判处拘役 3 个月，缓刑 4 个月。又如杭州王某危险驾驶案中，在值班律师的释法、指引及见证下，当事人自愿认罪认罚并同意适用速裁程序，检察院受理当日上午审查完毕，下午提审、告知，同日即提起公诉，王某本人也获得了从宽 20% 的量刑。正是因为值班律师作用的有效发挥，在认罪认罚从宽中实现了简程序而不减权利，有效促进了司法公正。

1700 余个人民法院设立法援工作站

记者：以审判为中心的刑事诉讼制度改革对法律援助值班律师工作提出了明确要求，人民法院也是值班律师派驻的主要场所，请介绍一下这方面的情况。

续文钢:加强人权司法保障、强化犯罪嫌疑人和被告人权益保障是以审判为中心的刑事诉讼制度改革的重要内容。法律援助值班律师制度的建立,对推进以审判为中心的刑事诉讼制度改革具有重要意义。法律援助值班律师提供的服务,使没有辩护人的犯罪嫌疑人、被告人在刑事诉讼各个阶段都能获得法律帮助,通过他们即时、方便的服务,保障了刑事诉讼当事人权利,提高了司法活动效率,促进了司法公正。从这个意义上说,值班律师制度的确立,是体现司法理念和司法文明进步的重要标志。去年,"两高三部"联合下发的《关于推进以审判为中心的刑事诉讼制度改革的意见》规定建立法律援助值班律师制度,今年8月又联合下发了《关于开展法律援助值班律师工作的意见》,对规范值班律师工作作了进一步细化规定。

在工作实践中,人民法院积极履行告知职责,让犯罪嫌疑人、被告人知悉了解其在审判阶段获得值班律师帮助的权利;高度重视人民法院法律援助工作站建设,为值班律师履行职责提供便利,全国已在1700余个人民法院设立了法律援助工作站;加强与法律援助机构工作衔接,不少地方建立了联席会议制度,共同研究解决包括法律援助值班律师工作在内的刑事法律援助工作存在的困难和问题,促进相关工作顺利开展。

人民法院法律援助工作站的基本定位是由值班律师为未被羁押的犯罪嫌疑人、被告人提供法律帮助。工作站大多设在诉讼服务大厅,因此除了犯罪嫌疑人、被告人以外,他们的家属以及其他群众也会向值班律师咨询问题。针对这一实际情况,我们延伸拓展了值班律师服务范围,通过值班律师提供免费法律咨询、指引和协助符合条件的当事人申请法律援助、代写法律文书等,满足广大群众的法律服务需求。

我们感受到,由于值班律师专业的讲解和热情的服务,当事人对值班律师的意见往往易于接受,很多当事人在听了值班律师讲解后情绪得到缓和,其诉求也有了相应的解决途径,值班律师在化解纠纷、分流案件方面发挥了重要作用。下一步,最高法还将联合司法部进一步完善值班律师工作运行机制,加大工作力度,使这项制度发挥更大的作用。

切实加强公检法司工作衔接配合

记者:《意见》要求人民法院、人民检察院、公安机关、国家安全机关、司法行政机关建立刑事法律援助工作联席会议制度。那么,这项制度建立运行的情况如何？在加强公检法司工作衔接配合方面还有哪些措施？

白萍：做好值班律师工作，切实维护犯罪嫌疑人、被告人的诉讼权利，仅仅依靠司法行政机关和法律援助机构是不够的，还需要办案机关的工作支持，这也是最高人民法院、最高人民检察院、公安部、国家安全部、司法部五部门联合印发《意见》的原因。为保障犯罪嫌疑人、被告人诉讼权利，我们在加强协调配合方面主要做了以下工作。

一是加强协调配合工作机制建设。联席会议制度是协调配合工作机制的重要内容。我们推动各地建立刑事法律援助工作联席会议制度，定期沟通法律援助值班律师工作情况，共同解决存在的问题，以保证值班律师工作顺利开展。如河南省高级人民法院、省人民检察院、省公安厅、省司法厅建立值班律师联席会议制度，及时会商解决工作中存在的问题；实行联络员沟通联系制，法律援助机构和法院、看守所分别设联络员，负责日常工作协调。

二是办案机关认真履行告知和提供值班律师会见便利等职责。各地人民法院、人民检察院、公安机关积极履行告知职责，在工作站建设及会见等方面对值班律师工作提供便利和必要支持，实现值班律师会见程序简化，确保为犯罪嫌疑人、刑事被告人提供有效法律帮助。例如，上海出台规定，明确公安机关应当会同法律援助机构在看守所设立法律援助工作站，共设立看守所法律援助工作站20个，法律援助工作站覆盖率达到100%。河南省人民法院、看守所支持配合值班律师工作，负责提供合适办公场所，配备办公设施，为值班律师提供工作便利。

三是法律援助机构积极履行相关职责。各地司法行政机关和法律援助机构要及时将值班律师名册或人员信息送交或告知人民法院、人民检察院、公安机关及看守所，并定期征询所驻单位意见，了解值班律师履责情况；并根据工作站法律援助需求和当地律师资源等，统筹调配律师资源，确保满足当事人法律援助需求。杭州各看守所、检察院、法院法律援助工作站根据当地实际需求和律师资源状况，采取常驻值班或者提前预约等多种方式，灵活安排值班律师。

从各地的工作实践来看，各部门协调配合越紧密，值班律师职能作用就发挥得越好，犯罪嫌疑人、被告人的诉讼权利就能得到更好地维护。

关于《看守所法》（公开征求意见稿）的修订建议

经认真研究，本研究院现对《中华人民共和国看守所法》（公开征求意见稿）提出以下共22条修订建议；为简明起见，特将原稿条文、修订后条文及修订理由并列如下：

征求意见稿条文	修订后的条文	修订理由
第一条【立法目的】　为了正确实施刑事羁押，保障刑事诉讼活动的顺利进行，预防犯罪，尊重和保障人权，根据宪法，制定本法。	第一条【立法目的】　为了正确实施刑事羁押，保障刑事诉讼活动的顺利进行，预防犯罪，尊重和保障人权，根据宪法和**刑事诉讼法**，制定本法。	第一，就立法目的而言，"正确实施刑事羁押、保障刑事诉讼活动的顺利进行"的具体要求本来就规定在《刑事诉讼法》中，《看守所法》作为特别法，其规定省略之处，都可以准用刑事诉讼法； 第二，从立法程序上来说，《刑事诉讼法》由第十一届全国人民代表大会第五次会议，而非由全国人大常委会修订；其程序更为严格，是《看守所法》的上位法，可以作为其立法依据。
第六条【隶属关系】　国务院公安部门主管全国看守所工作。县级以上地方人民政府公安机关主管本行政区域看守所工作。	第六条【隶属关系】　国务院公安部门主管全国看守所工作。**省级人民政府公安机关统管**本行政区域看守所工作。	第一，由省级公安部门统管看守所，能与司法改革中的省级统管和以审判为中心的刑事诉讼改革一致，有效解决地方公安机关不当干预所引发的相应弊端； 第二，兼顾公安机关继续管理看守所具备的各类优势条件与支撑能力。

续表

征求意见稿条文	修订后的条文	修订理由
第七条【执法要求】 看守所对犯罪嫌疑人、被告人实施羁押,必须严格遵守刑事诉讼法和本法的有关规定。	删去本条。	第一条修订后,《看守所法》作为特别法,其规定省略之处,都可以准用《刑事诉讼法》。第七条仅就羁押事项准用《刑事诉讼法》,排除了办案部门、辩护人参与刑事诉讼的相关规定,范围过窄,应删去。
第九条【政府责任】 各级人民政府承担看守所的建设和保障工作。	第九条【政府责任】 **省级**人民政府承担**本地**看守所的**主要**建设和保障工作。	与第六条修订对应,强化省级统管职权,以及适当分配地方同级政府的责任。
第十条【法律保护】 任何组织、个人不得扰乱看守所正常工作秩序。看守所人民警察依法执行职务受法律保护。	第十条【法律保护**和专业训练**】 任何组织、个人不得扰乱看守所正常工作秩序。看守所人民警察依法执行职务受法律保护。 **看守所主管机关应当定期为当地看守所人民警察提供离岗专业培训。**	第一,增设第二款,以加强对看守所人民警察的专业支持;离岗培训可以让干警暂时离开高度紧张的工作环境,学习更有效果。 第二,这也是中国政府批准的《残疾人权利国际公约》第十三条、《禁止酷刑公约》的明确要求,以及中国政府在履约审议中的郑重承诺。
第十三条【基础设施建设】 看守所基础设施建设应当列入同级人民政府国民经济和社会发展规划、城市建设规划。	第十三条【基础设施建设】 看守所基础设施建设应当列入**各级**人民政府国民经济和社会发展规划、城市建设规划。	与第六条、第九条修订对应,将"同级"改为"各级",强调省级政府的统管角色,以及中央和地方政府的分工。
第十四条【建设标准】 看守所的建设标准由国务院住房和城乡建设部门、发展改革部门会同公安部门制定。	第十四条【建设标准】 看守所的建设标准由国务院住房和城乡建设部门、发展改革部门会同公安部门制定。 **看守所建设标准应纳入国家无障碍环境建设标准。**	增设一款作为第二款,以强调《残疾人保障法》第七章、国务院《无障碍环境建设条例》的要求;这也是中国政府在《残疾人权利国际公约》下的承诺。

续表

征求意见稿条文	修订后的条文	修订理由
第十九条【经费保障】 看守所公用经费和犯罪嫌疑人、被告人、罪犯伙食费、医疗费、公杂费、衣被费等给养费由同级人民政府保障;业务经费和业务装备经费由中央、省级和同级人民政府分区域按责任保障;基础设施维修改造费由同级人民政府保障,基础设施建设投资由各级人民政府分区域按责任保障。	第十九条【经费保障】 看守所公用经费和犯罪嫌疑人、被告人、罪犯伙食费、医疗费、公杂费、衣被费等给养费由**省级**人民政府保障;业务经费和业务装备经费由中央、省级和同级人民政府分区域按责任保障;基础设施维修改造费由同级人民政府保障,基础设施建设投资由各级人民政府分区域按责任保障。	与第六条、第九条、第十三条修订对应,省级政府统管,与中央财政一起负主要保障责任,同级县市政府只承担小部分保障。
第二十一条【医疗保障】 第二款 每个地、市、州、盟应当依托看守所建设监区医院,由当地公立医院或者社会医疗机构承担所辖看守所患有艾滋病、传染病或者其他严重疾病的犯罪嫌疑人、被告人和罪犯,以及必须羁押的怀孕或者哺乳自己未满一周岁婴儿的女性犯罪嫌疑人、被告人和罪犯的疾病治疗、医疗保健工作。	第二十一条【医疗保障】 第二款 每个地、市、州、盟应当依托看守所建设监区医院,由当地公立医院或者社会医疗机构承担所辖看守所患有艾滋病、传染病或者其他严重疾病的犯罪嫌疑人、被告人和罪犯,以及必须羁押的**残疾人**、怀孕或者哺乳自己未满一周岁婴儿的女性犯罪嫌疑人、被告人和罪犯的疾病治疗、医疗保健工作。 **【增设第三款】 看守所不得以拒绝给予基本医疗保障作为纪律惩戒方式。**	第一,实践中看守所常常以"生活不能自理"为由拒绝收押残疾人,这有违刑事诉讼法规定的羁押措施适用标准,也不符合对残疾人的平等司法保障。看似保护,实际上会造成更深远的对残疾人的社会污名和歧视,不符合中国政府在《残疾人权利国际公约》下的承诺。 第二,增设一款作为第三款,以强调基本医疗保障和人道待遇,也符合《禁止酷刑公约》的要求。

续表

征求意见稿条文	修订后的条文	修订理由
第二十七条【入所检查】看守所收押犯罪嫌疑人、被告人时,应当对其人身和随身物品进行检查。 发现身体有伤的,应当由驻看守所医生问明原因,做好相关记录,并由医生、送押人员和犯罪嫌疑人、被告人三方签字。对可能涉案的物品,移交送押人员;对不允许带入监室的非涉案物品,由看守所代为保管。 对女性犯罪嫌疑人、被告人的人身检查,由女性工作人员进行。	第二十七条【入所检查】 增设第三款 **发现有残疾的,应当由驻看守所医生建立需求评估报告,提交看守所主管人员,并记录在案。**	对应第十四条、第二十一条修订,看守所应当建设无障碍环境,并基于残障人具体需求,为残障人提供手语翻译、易读文本等服务,以确保刑事司法过程中人人平等。
第二十八条【权利义务告知】 看守所收押犯罪嫌疑人、被告人时,应当书面告知其在羁押期间依法享有的权利和应当遵守的管理规定。	第二十八条【权利义务告知】 看守所收押犯罪嫌疑人、被告人时,应当**以书面或其他容易理解的方式**告知其在羁押期间依法享有的权利和应当遵守的管理规定。**该告知方式和结果应记录在案。**	仅有书面告知是不够的,残疾人或受教育程度不高的人,可能均无法理解书面内容。应补充"其他容易理解的方式",包括口头、手语、民族语言等。权利义务告知特别重要,影响到其基本诉讼权利的实现,以及知晓并遵守监规,故应该将告知方式和当事人确认知晓的结果都记录在案。
第三十条【发现不宜羁押情况的处理】 看守所发现犯罪嫌疑人、被告人有下列情形之一的,应当建议案件主管机关变更强制措施,但是涉嫌严重危害社会的犯罪,不羁押不足以防止发生社会危险性,以及自伤自残的除外: (一)患有严重疾病,在羁押中可能发生生命危险或者生活不能自理的;	第三十条【发现不宜羁押情况的处理】 看守所发现犯罪嫌疑人、被告人有下列情形之一的,应当建议案件主管机关变更强制措施,但是涉嫌严重危害社会的犯罪,不羁押不足以防止发生社会危险性,以及自伤自残的除外: (一)患有严重疾病,在羁押中可能发生生命危险**或者生活不能自理的**;	参照第二十一条修订,删去"生活不能自理"这一看似方便、合理,实际上有违法律面前人人平等原则,以及导致社会污名、歧视的标准。

续表

征求意见稿条文	修订后的条文	修订理由
第三十四条【羁押的必要性审查】 犯罪嫌疑人、被告人及其法定代理人、近亲属或者辩护人向看守所提出羁押必要性审查申请的,看守所应当在二个工作日内将申请材料转交人民检察院。 人民检察院收到申请后,应当及时对羁押的必要性进行审查,并将审查结果书面告知看守所。	第三十四条【羁押的必要性审查】 犯罪嫌疑人、被告人及其法定代理人、近亲属或者辩护人向看守所提出羁押必要性审查申请的,看守所应当在二个工作日内将申请材料转交人民检察院。 人民检察院收到申请后,应当及时对羁押的必要性进行审查,并将审查结果书面告知看守所**和申请人**。	申请人是提起审查的直接利益相关人,理应及时获知审查结果。实务中,看守所都有驻所检察官,可以完成该职责,略去看守所转交被羁押人的手续,更简便高效。
第三十七条【讯问要求一】 第三款 讯问未成年犯罪嫌疑人、被告人,应当有其法定代理人、其他成年亲属或者所在学校、单位、居住地基层组织或者未成年人保护组织的代表在场。讯问女性未成年犯罪嫌疑人、被告人,应当有女性工作人员在场。	第三十七条【讯问要求一】 第三款 讯问未成年犯罪嫌疑人、被告人,应当有其法定代理人、其他成年亲属或者所在学校、单位、居住地基层组织或者未成年人保护组织的代表在场。讯问女性未成年犯罪嫌疑人、被告人,应当有女性工作人员在场。**讯问残疾人,应当采取与其身心状态相适应的方式,包括聘请有资质的手语翻译、社会工作者、合适成年人到场等。**	除了未成年人、女性,还应该考虑到在押残疾人的身心需求;特别是对于语言表达、人际交流有障碍的,应该有合适成年人或司法社工在场。
第四十六条【律师会见凭证】 第三款 辩护律师会见犯罪嫌疑人、被告人需要翻译人员参与的,应当持有案件主管机关的许可决定书。	第四十六条【律师会见凭证】 第三款 辩护律师会见犯罪嫌疑人、被告人需要翻译人员参与的,**翻译人员**应当持有**相关资质证明或**案件主管机关的许可决定书。	第一,全部由案件主管机关审查、颁发许可,超出了其专业范畴,也增加了工作负担;而当前正在完善的官方翻译资质证明体系已经足以认定。 第二,案件主管机关的许可决定可以作为个别案件中暂缺专业资质证明的兜底认定渠道。

续表

征求意见稿条文	修订后的条文	修订理由
第五十九条【申请法律援助的处理】 犯罪嫌疑人、被告人向看守所申请聘请律师或者法律援助的,看守所应当在二十四小时内将申请材料转交案件主管机关。	第五十九条【申请法律援助的处理】 犯罪嫌疑人、被告人向看守所申请聘请律师或者法律援助的,看守所应当在二十四小时内将申请材料转交**法律援助工作站或**案件主管机关。	第一,基于本法第五十五条规定,司法行政部门已经在看守所建立法律援助工作站,那么直接转交申请至该工作站,更加简便高效。 第二,有助于减少案件主管机关工作量;依照刑事诉讼法规定,案件主管机关转交法援申请,以申请人直接向其提出为限;案件主管机关没有义务审查、转交所有的法援申请。 第三,仅当法律援助工作站不能履行职责时,由案件主管机关转交作为兜底方案。
第七十二条【临时保护性约束】 看守所对精神行为异常,严重危害看守所安全和他人人身安全的犯罪嫌疑人、被告人,可以采取临时保护性约束措施。	第七十二条【临时保护性约束】 看守所对精神行为异常,严重危害看守所安全和他人人身安全的犯罪嫌疑人、被告人,**基于驻看守所医生的书面评估意见,**可以采取临时保护性约束措施。	应该纳入驻看守所医生的专业评估意见,更加慎重。
第七十五条【对未成年人和女性的管理原则】 对未成年和女性犯罪嫌疑人、被告人,应当采取适合其身心特点的管理方式。	第七十五条【对未成年人、**残疾人**和女性的管理原则】 对未成年、**残疾**和女性犯罪嫌疑人、被告人,应当采取适合其身心特点的管理方式。	参照前文第二十一条、第二十七条、第三十七条等修订,对残疾人也应该采取适合其身心特点的管理方式。
第八十条【尊重饮食和其他生活习惯】 看守所应当尊重犯罪嫌疑人、被告人的民族饮食习惯。	第八十条【尊重饮食**和其他生活习惯**】 看守所应当尊重犯罪嫌疑人、被告人的民族饮食习惯。 **看守所应当尊重犯罪嫌疑人、被告人基于宗教信仰、民族风俗等而保有的生活习惯,予以合理照顾。**	第一,民族饮食习惯只是生活习惯中的一种;参照《监狱法》第五十二条,应该增设第二款,扩展到宗教信仰等其他方面,以彰显中国司法体系尊重和保障人权的最新进展。 第二,考虑到地方实际能力,在第二款中通过"合理照顾"之规定来允许逐步完善,而不立即造成不合理的负担。

续表

征求意见稿条文	修订后的条文	修订理由
第八十一条【被服供应】犯罪嫌疑人、被告人的被服由看守所统一配发。	第八十一条【被服**和其他生活必需品**供应】 犯罪嫌疑人、被告人的被服由看守所统一**免费**配发。 **女性犯罪嫌疑人、被告人的经期卫生用品,残疾犯罪嫌疑人、被告人的必要辅具,由看守所依申请免费配发。**	第一,被服应该免费配发,以彰显人道待遇;许多在押人在入所早期身无分文,应免受因此导致的虐待。 第二,同理,女性的经期卫生用品、残疾人必要辅具,得依申请免费配发,以确保人道待遇。 第三,依申请配发,是考虑到地方实际能力,允许看守所审查个人购买资力;也增加了看守所相应的权利告知义务。
第一百一十八条【辩护人的法律责任】 辩护人违反法律规定担任辩护人的,或者违反会见规定的,由人民政府司法行政部门依法给予处理;构成犯罪的,依法追究刑事责任。	第一百一十八条【辩护人的法律责任】 辩护人违反法律规定担任辩护人的,或者违反会见规定的,由**律师协会或**人民政府司法行政部门依法给予处理;构成犯罪的,依法追究刑事责任。	第一,依照《律师法》第四十六条规定,律师协会具有法定惩戒律师的权限。 第二,司法行政部门可以协调律师协会处理;可以直接对法律援助专职律师进行处理。
第一百二十一条【留所执行刑罚罪犯管理】 对看守所依法监管的罪犯,由国务院公安部门依照有关法律、行政法规制定管理办法。	第一百二十一条【留所执行刑罚罪犯管理】 对看守所依法监管的罪犯,由国务院公安部门**会同司法行政部门**依照有关法律、行政法规制定管理办法。	依照《监狱法》第十条,司法行政部门作为狱政主管单位,理应参与制定管理看守所留所服刑罪犯的规定。

武汉东湖社会发展研究院

2017 年 7 月 7 日

回顾之一:刑事法律援助改革突围[①]

刑事法律援助是衡量一个国家法治水平和文明进步的重要标志,更是司法保障人权的重要体现。在长期的探索中,我国刑事法律援助制度已经取得了长足进步。但面对目前实践中出现的一些困境,如何突围?

2014 年 12 月 6 日,“刑事法律援助与值班律师能力建设”研讨会在湖南长沙举行。会议手册的封面是一幅色彩明亮的油画——黄永玉的《窗口》。

这幅作品创作于“文革”期间。黄永玉一家四口住在一个不见天日的小屋,他将这幅油画挂在没有窗户的墙上,用来舒展心胸。

湘潭市公安局监所管理支队支队长曾浩桓参加了这次研讨会。他认为,将这幅画印在会议手册的封面上,象征着“看守所值班律师制度的未来”。

“我们应该看到希望。通过铁窗,能看到外边生机勃勃的花和叶子,这才像我们的刑事法律援助。”曾浩桓说。

2013 年 1 月 1 日,新修订的《刑事诉讼法》生效实施。其中对刑事司法中被羁押人获得法律帮助与公正审判权利的保障有明显进步。在此背景下,武汉大学公益与发展法律研究中心与东南大学法学院合作开展“完善未决羁押期间有效刑事法律援助机制”项目。

看守所值班律师制度的创新与完善,便是这个项目的核心内容之一。

试点“孤证”

河南省的法律援助值班律师制度还仅仅是个“孤证”。他们当时的困惑是,并没有找到有效的办法去解决一个问题——律师可以在看守所里面做什么?

2006 年,联合国开发计划署与中国商务部、司法部合作开展“法律援助值班

---

① 邓益辉、刁凡超:《刑事法律援助改革突围》,载 http://e.mzyfz.com/paper/paper_1992_1296.html,最后访问日期:2018 年 11 月 3 日。

律师制度”试点。河南省焦作市修武县成为全国首个试点县。

修武县首期选聘参与试点项目的值班律师共18名,分别在县法院、公安局、看守所、城关派出所各设立一个法律援助值班律师办公室,每个值班室每个工作日配两名律师值班,免费为当事人或群众提供法律服务。

武汉大学公益与发展法律研究中心项目主管丁鹏介绍说,值班律师制度主要属于英美法系的概念,中国香港也有。

“任何一个人被抓起来第一时间有权利见律师,这个律师就在警察局或者在看守所里面,第一时间就可以见到这个值班律师,值班律师可以是专职法律援助律师,也可以是社会律师。”丁鹏说。

据民主与法制社记者了解,2008年3月修武县试点结束,其考察结果显示,值班律师试点项目在促进司法公正、保障人权方面起到了重要作用。

于是,在2008年8月13日,焦作市及其所辖10个县(市、区)“法律援助值班律师办公室”同时挂牌,成为全国第一个实现法律援助值班律师制度的省辖市。

2010年,河南在全省范围推广值班律师制度,以期让这项措施全面开花结果。同年,司法部也已着手在全国各地进一步推动看守所值班律师试点。

但当时从全国范围来看,河南省的法律援助值班律师制度还仅仅是个“孤阵”。他们当时的困惑是,并没有找到有效的办法去解决一个问题——律师可以在看守所里面做什么?

当面提供咨询

“让法律援助值班律师为未决羁押人当面提供咨询,是这个新制度的亮点之一,堪与国际先进经验比肩。”

2011年,已经有一些地方受河南焦作经验的启发,尝试新的做法并被媒体报道。比如湖北监利、广西南宁、山西忻州、上海闵行、浙江温州等地。

不过,各地试点的突破性进展,是在2013年新修订的《刑事诉讼法》实施之后。

随后,相关司法解释和部门规章出台。特别是最高人民法院、最高人民检察院、公安部、司法部2013年2月4日联合发布的《关于刑事诉讼法律援助工作的规定》,以及公安部之后内部的规定和通知等,细化了刑事法律援助工作的制度安排,为进一步完善被羁押人获得法律帮助的权利提供了依据。

丁鹏执笔的《从试点到推广:2014 年全国看守所法律援助工作概览》一文中提到,“这时的发展趋势是从县开始,以点带面,从基层试点到上层批准、推广”。

例如,2012 年底到 2013 年初,安徽、湖南、江西、浙江等地司法厅联合公安厅发文,为落实新《刑事诉讼法》,要求全省建立法律援助工作站,这也间接导致在名义上,各地以“看守所法律援助工作站”代替了原来的“值班律师办公室”。

也就在此时,武汉大学公益与发展法律研究中心与东南大学法学院合作开展“完善未决羁押期间有效刑事法律援助机制”项目。

“让法律援助值班律师为未决羁押人当面提供咨询,是这个新制度的亮点之一,堪与国际先进经验比肩。”丁鹏说。

未决羁押,是指在刑事司法程序中,法院判决生效前,犯罪嫌疑人、被告人所处的羁押状态。其执行场所通常在看守所,与监狱中的已决犯收押不同。

该项目最重要的一点在于,未决羁押的犯罪嫌疑人、被告人受无罪推定的保护,除了人身自由受限,其他一切方面享有与普通人一样的权利。

丁鹏解释,这个律师并不是被羁押人的辩护律师。

“因为刚刚被带到看守所里面,你有权保持沉默,有权请律师。”丁鹏说,“国家统一规定所有被羁押人,不管贫困不贫困,是严重刑事案件还是普通案件,只要被羁押起来,被采取强制措施的第一时间,就能见到值班律师”。

按照法律援助值班律师制度的设想,每个被羁押人在进入看守所 24 小时,将自动获得当面咨询值班律师的机会。

“看守所的配合很重要”

有些被羁押人直到被抓到看守所里关起来,都不知道自己犯了什么罪。

如何建立一套被羁押人申请会见值班律师的程序,是丁鹏主管的这个研究项目的关键。

“看守所的配合很重要,他们除了设立一个办公室以外,还要有一个人力上的投入。”丁鹏说,“被羁押人员想要会见值班律师不可能自己就去会见了,他需要跟管教民警说,管教民警排个单子,安排其与值班律师会见”。

比如湖北省罗田县看守所,有两个大院,里面是监室。看守所干警走进里面的院子,把被羁押人员提出来之后不出院子,走到会见室。会见室用铁网隔开,里面和监室相通,另外一面是和外面的院子相通。每次会见时,值班律师就从二楼的值班室走下来,他们隔着栏杆就可以当面咨询。

值班律师会见的时候,管教民警可以旁观。而法律规定,犯罪嫌疑人委托的辩护律师会见时,是私密的,民警不能在场。

虽然每个被羁押人在被关进看守所的第一时间都会收到一封权利告知书,但丁鹏通过调研发现,“好多被羁押人读这种书面的东西理解能力是很有限的。”

“口头的告知是非常有意义的。”丁鹏认为,法律咨询的事情,看守所民警和管教也会做,但这并不是他们的本职工作。

“值班律师专职做法律咨询,他们更专业,更容易让被羁押人员理解。他们作为第三方更有独立的身份让被羁押人信任他。所以这些口头的解释和法律咨询更有效果。”丁鹏说。

他甚至在调研中发现,有些被羁押人直到被抓到看守所里关起来,都不知道自己犯了什么罪名。

此时,值班律师便可以在较短的时间内为他提供咨询。丁鹏介绍,可以建议他赶紧去问管教或民警,自己到底是因为什么事情被抓,犯了什么罪。

“每个罪名都有一些基本的概念,这些概念可以由值班律师来给他们解释,这个其实也是属于法律咨询。比如,你把一个人打伤了,是怎么打伤的?伤到什么程度?有没有故意?有没有杀人的行为?会有什么后果?这种情况下一般可能会判多少年。”丁鹏说。

刑事法律援助难题

刑事法律援助的办案经费保障不足,是刑事法律援助在实践过程中的现实困境。

项目研究者们认为,这些做法都不会影响到公安部门办案。因为按照2012年修订的《刑事诉讼法》,“权利告知”是所有看守所对被羁押人员都会做的一件事情,只不过值班律师是把书面的告知转变成口头的告知。

但看守所的压力依然很大。

在长沙的研讨会上,湘潭市公安局监管支队支队长曾浩桓提到,“今年发生的‘9·2’延寿看守所脱逃案件,带来一个令人担忧的变化,就是民警和在押人员之间的关系是否会更加紧张?”

据中国人民大学法学院副教授程雷介绍,目前正在进行《看守所法(草案)》的起草工作,看守所法的制定是否能与2012年修订的《刑事诉讼法》接轨,更好地服务于整个刑事诉讼体系,还将拭目以待。

2013 年 1 月 1 日,修改后的《刑事诉讼法》开始实施。修改后的《刑事诉讼法》对法律援助主要做了 4 个方面的修改。这 4 个方面包括:扩大了刑事法律援助的范围;将法律援助的诉讼阶段提前;调整了提供法律援助的方式以及建立了通过申请获得刑事法律援助的制度。

但在刑事法律援助实践过程中,现实情况并不尽如人意。

中国政法大学诉讼法学院副院长顾永忠教授介绍说,“从实践情况看,侦查、审查起诉和审判刑事法律援助案件的数量分布相差悬殊”。其中,以审判阶段的援助为主,占到了 70% 。

“恰恰是在开始的侦查阶段,刑事法律援助才有实际效果。现实往往是检察院都已经提起公诉,公诉书都做好了,这个时候你让我再做刑事法律援助,还有多大的意义?”研讨会上,一名律师抱怨说。

而刑事法律援助申请在法律援助中比例偏低。“由于当事人大多被采取强制措施,与外界不能联系,而当事人亲属对于如何证明经济困难,因程序复杂、申请门槛比较高而退却。”顾永忠说。

顾永忠还指出,刑事法律援助的办案经费保障不足,是刑事法律援助在实践过程中的现实困境。

根据相关规定,办案补贴是指办理法律援助案件的各项成本费用,并不包含律师办理案件投入的智力服务报酬或劳务报酬。

对此,湖南省湘潭市司法局法律援助中心律师许伟深有同感。他说:“我觉得作为一个律师,尤其是一个法律援助律师来讲,任何一个事情不谈钱那是虚伪。如果你让我一年做三五十个刑事法律案件,让我亏本去做,我干脆下岗算了。”

据许伟介绍,以湖南省湘潭市为例,“我们法律援助中心一年的经费只有 50 万,但是要办的各项法律服务援助事项,有 1400 多件。刑事案件,大概有 300 件左右。那么这样一折算下来,我们每一个法律援助案件获得的补贴只有 400 元到 600 元。而规定中对侦查阶段和审查起诉阶段的补贴更低”。

许伟认为:“法律援助数量的增长没有伴随财政支持经费的增长,所以必然导致法律援助在审前阶段就会产生很多问题。”

公安部门新定位

作为刑事法律援助制度的突破口,此项工作成果如何,各方谨慎。

对于刑事法律援助案件数量偏低的情况,除了经费无法保障,程雷教授还认为缺少了惩罚措施。

“应该有法律援助而没有法律援助的案件,现在我们实践当中,法院基本上是没有办法处理,因为这种案件还跟非法取证、非法证据排除不一样。”程雷说。

程雷建议,以后遇到应该有法律援助而没有法律援助的案件应该从程序上终止诉讼,以保障未决羁押人的合法权利。

江苏省如皋市人民检察院监所检察科科长李拥军在研讨会上带来了一本《如皋市在押人员法律需求评估报告》,会下被几位学界专家争相复印学习。

这本评估报告是如皋市法律援助中心于2014年10月制定的,通过与被羁押人的访谈交流,详细介绍和总结了如皋市在押人员的总体状况。

2014年4月30日,公安部监所管理局下发的《关于进一步做好看守所法律援助工作站建设工作的通知》(以下简称通知)。

通知的原文并没有公布。民主与法制社记者获取了这份仅有约500字的通知。通知内容要求,全国各地于6月30日前设立法律援助中心驻看守所工作站,向在押人员及其家属转介法律援助申请,宣传法律援助制度,进行法律援助咨询和法制教育。

2014年下半年,全国各地看守所法律援助工作站如雨后春笋般建立起来。

这与此前按司法行政部门推动的试点区别明显。各地的法律援助工作站负责人为看守所的所长。公安部门对看守所也提出了“依法保障刑事诉讼活动顺利进行,保障在押人员合法权益”的定位。

作为刑事法律援助制度的突破口,此项工作成果如何,各方谨慎。2014年11月25日上午,记者联系司法部法援司综合处处长钟若静,得到的答复是:“现在还在搞试点,说这些还为时尚早。”

回顾之二:值班律师制度的罗田样本[①]

湖北罗田县位于大别山南麓,丘壑纵横,经济发展落后,属国家三级贫困县。在这样一个经济并不发达的县城里,却孕育出侦查阶段刑事法律援助创新的成果——值班律师办公室。

一张登记表的突破

6 月 18 日,关在湖北省罗田县看守所里的严豪被管教民警雷伯平从监室里提出,带入会见室。

严豪今年 16 岁,因为和一个不满 14 岁的女孩发生关系而被抓进来。从被关进看守所的那天起,他一直不知道自己面临怎样的处境。

隔着一层铁网,严豪见到了正在看守所值班的律师刘海炎。像是抓住了一根救命稻草,他向刘海炎咨询了好几个问题,其中奸淫幼女量刑规定、自首法律规定、未成年人犯罪相关法律,这三点与他的案情直接相关。刘海炎把法律规定以及相关程序告诉了他,比如,奸淫幼女适用《刑法》第 236 条第 2 款规定,有自首情节和未成年人犯罪都属于法定从轻情节等。

咨询过后,刘海炎得知他属于未成年人犯罪,建议他申请法律援助,由人民法院指定辩护律师或由法定代理人委托辩护律师。

这些内容都由刘海炎记录在湖北省法律援助中心制定的《法律援助值班律师接待咨询来访人员登记表》中,严豪了解了自己目前的处境,在登记表上签字"满意"并按了手印,随后被管教民警带回监视,等待刘海炎帮他转介法律援助。

这份登记表放在值班律师办公室桌子上,还没来得及带走,发现登记表的丁鹏兴奋不已。他是武汉大学公益法律研究中心的项目主管,这份仅有 100 多字的书

① 刁凡超:《值班律师制度的罗田样本》发表于 2014 年 12 月 14 日,载民主与法制时报:http://e.mzyfz.com/paper/paper_1994_1297.html,最后访问日期:2018 年 11 月 3 日。

面记录在他看来,意义重大,“你看值班律师的咨询意见,这说明在转介法律援助之前,值班律师就为被羁押人提供法律服务。”他手指着表格上咨询意见一栏让记者看。

这座位于大别山南麓的县城,以“蚕吐丝、蜂酿蜜、树结油、山产栗”闻名。从武汉出发向东北沿高速路行驶约145公里,罗田县位于鄂东山区,丘壑纵横,经济发展落后,去年财政收入4.48亿元,属国家三级贫困县。人们很难想象,在这样一个经济并不发达的县城里,却孕育出侦查阶段刑事法律援助创新的成果——值班律师办公室。

名称的改变

在罗田县义水河南岸的主干道,从一个不起眼的窄门口沿着45度角的斜度进去,是罗田县司法局,也是公职律所巴源律师事务所所在地。

罗田县以公职律师为主,没有严格意义上的律师事务所。据法律援助中心主任王金钊介绍,当地共有38名注册律师,其中只有1名注册的是法律援助律师。这些律师除了要办理自己手上的案件,还要轮流被指派到看守所值班,并且与一线城市的值班律师相比,他们没有任何补贴。

法律援助中心值班室位于司法局一楼,正对大门口。放眼看去,一道很深的裂缝在外墙门窗之间蔓延开来——硬件条件简陋是县级单位的财政现状。

当地的法律援助经费来自三部分:省里的拨款、县级财政以及国家的公益福利彩票。王金钊说:“今年整个司法局的财政预算才20多万元,但是我们属于三级贫困县,需要法律援助的案件其实特别多。”

曾经,值班律师办公室是罗田县司法局法律援助中心的创新工作模式,在湖北省乃至全国都是属于领先。2012年年底,罗田县司法局还荣获由国家司法部授予的“全国集体一等功”。

早在2010年,武汉大学公益法律研究中心召开法律援助方面的研讨会,邀请了罗田县司法局的负责人参加,介绍了国内外的刑事法律援助的相关情况,当时司法局的局长就把一些新的观念带回了罗田。

据罗田县司法局法律援助中心副主任刘灿介绍,2011年罗田县看守所建立起值班律师办公室,并在大院门口挂有“值班律师办公室”的标牌。

“那时我们不叫工作站,我们叫值班室。”刘灿说,当时,根据罗田县公安局和检察院联合下发的文件,在看守所驻所检察官办公室旁边设立了一间办公室,每周三派两个律师值班,为看守所里的被羁押人员进行法律咨询,受理援助申请,开展法制宣传,履行告知义务以及转交辩护通知。

如今去看守所走访,门口的标牌已经更换成"湖北省罗田县法律援助中心驻看守所工作站"。

刘灿解释说,这是根据2014年8月公、检、法、司联合下发的《湖北省刑事诉讼法律援助工作实施办法》以及湖北省司法厅《关于在全省看守所设立法律援助中心驻看守所工作站的通知》(以下简称通知)而做出的调整。

该通知要求湖北省各地看守所统一建立法律援助中心驻看守所工作站,由公安机关负责在看守所办公区调整出专用办公用房,并配备桌椅、电脑等必要办公设施,按照《看守所称谓及标牌标志式样》要求,制作并悬挂标志牌。

如今,在全国各地纷纷按照公安部的文件在各自地区看守所建立法律援助中心驻看守所工作站后,罗田县就显得落后了。

"我们的硬件设备达不到。"看守所管教民警王笑天说,"办公室里的设备,还有外网的联网我们都没有给他们配齐,按规定是要给他们配齐的。"

本来是罗田县的创举,公安部下文以后很快被其他地区赶超,"他们的资金在那儿啊,人员啊、设备什么都有,一下子就超过我们了。"说这话时王笑天有些无奈。

看守所里的突破

罗田境内多山,丘陵广布,罗田县看守所就位于一座海拔200米以下的浑圆浅丘上。

看守所外院窄小,汽车很难驶入。走进看守所,律师值班办公室设在办公楼二楼靠近楼梯的第一间屋子,紧挨着驻所检察官办公室。

推开红色的木门进去,桌子上厚厚的一本《国家司法考试法律法规汇编》映入记者眼帘,旁边摆放着刘海炎律师的桌牌以及两叠《法律援助值班律师接待咨询来访人员登记表》《犯罪嫌疑人与被告人权利告知书》。平日里罗田县看守所的值班律师就在这里办公,有被羁押人需要咨询的时候就下一层楼梯,到一楼的会见室会见。

目前办公室由法律援助中心指派的5名律师和1名主任组成,最开始值班律师每周三在看守所上班,现在频次已经增加,时间上也很灵活。

据刘灿介绍,律师值班办公室搬进看守所后,他们给律师们做了公示牌,律师在为犯罪嫌疑人、被告人提供法律服务的时候,会受到在押人员和群众的监督。

"罗田县的刑事案件类型主要是滋事、盗窃和故意伤害。大案很少。"王管教说,看守所目前有14个监室,每个监室最多能关押7人,也就是说按照规定看守所最多允许关押98人,但是今年案件量大,超过98人的情况有几十天。

“罗田县贫困人口很多,需要法律援助的人也很多,因为他们没钱。所以虽然罗田的案件不多,但是相对的法律援助却很多。”刘灿告诉民主与法制社记者,去年罗田县法律援助案件130件,包括公安、法院指定的法律援助案件。今年截至11月,案件已达到178件。

王管教很支持值班律师制度,他说:“有时候我们说教,被羁押人员不听,他们认为我们是跟他们对立的。但是值班律师作为第三方,他们说的话,被羁押人就会听进去。”目前,罗田县看守所的民警中有6个考取了二级心理咨询师,对被羁押人进行心理沟通,有时候值班律师在会见被羁押人的时候也会起到心理疏导的作用,“这对我们的管理也起到很大的作用,我们带他们会见律师,他们以后就会听我们的管教”。

与社会律师会见不同的是,值班律师会见被羁押人的时候,看守所管教可以出现在旁边。王管教说:“值班律师会见被羁押人的时候,我如果没什么事儿就在旁边听听,这是允许的。但是辩护律师会见的时候我是不可以在场的。”

现在,罗田县看守所的基础设施和硬件设备已经不能满足需求,监室不够用,外网连不上等,但这些客观因素都可以改变。王管教说,罗田县公安局在凤山镇正在筹备建立新的看守所,预计建筑面积10378.7平方米。“明年应该就可以搬过去了,到时候可以关押200人,这对于一个只有62万人口的县城来说已经足够。”

实践中,被追诉人的命运大多在审前阶段甚至侦查讯问完成时就已经确定,刑讯逼供等侵犯被羁押人合法权益的现象也主要发生在侦查阶段。被羁押人失去了人身自由,但在人民法院的有罪判决之前,他们就只是被卷入刑事司法的普通人。他们享有和其他人同等的获得法律帮助的权利,并由于羁押而蒙受不利处境,更需要律师的帮助。

现在,驻所检察官可以进到监狱里面到处走动,监督民警的一举一动。王管教说,未来他们打算让值班律师像驻所检察官一样,进到“墙”里面去,让被羁押人员看到,“这样被羁押人员谁如果有需要就可以向管教民警申请,批准后直接向律师咨询,并且对我们管教民警的监督也加强了”。

王管教双手插在裤兜里,低头笑呵呵地说:“等到新所建成了,我们有这个想法,会跟上级部门进一步沟通,把这个事情做好。这个在全国应该是还没有先例的。”

附:其他延伸阅读清单

1. 中国人权网“联合国人权机制与中国”所列国际人权文书。①

2. Jodie Blackstock, Ed Cape, Jacqueline Hodgson etc., *Inside Police Custody: Training Framework on the Provisions of Suspects' Rights*, Intersentia, 2014. ②

3. 张万洪、丁鹏:《人权法视野下的刑事司法早期阶段法律援助:中国经验与发展前瞻》。

4.《任意拘留问题工作组的报告(增编):对中国的访问》(E/CN.4/2005/6/Add.4)。③

5. 联合国网站“执法方面的人权”网页④所列各项文件,其中以下标准或规则特别值得注意:

(1)《关于律师作用的基本原则》。

(2)《保护所有遭受任何形式拘留或监禁的人的原则》。

(3)《囚犯待遇最低限度标准规则》(《曼德拉规则》)。

(4)《联合国少年司法最低限度标准规则》(《北京规则》)。

(5)《刑事司法系统中儿童问题行动指南》。

(6)《在预防犯罪和刑事司法领域中消除对妇女暴力行为的示范战略和实际措施》《曼谷规则》。

(7)《联合国非拘禁措施最低限度标准规则》(《东京规则》)。

(8)《执法人员行为守则》。

---

① 可参见中国人权网:http://www.humanrights.cn/html/gjrqwj/。

② 本书简介可参见 http://intersentia.com/en/pdf/viewer/download/id/9781780681863_0/。

③ 可参见联合国网站:https://documents-dds-ny.un.org/doc/UNDOC/GEN/G05/102/73/PDF/G0510273.pdf?OpenElement。

④ 可参见联合国网站:http://www.un.org/chinese/hr/issue/j.htm。

后　记

自2006年司法部与联合国开发计划署合作在河南试点值班律师以来,已经有十几个年头了。2010年,司法部在全国选择几个省市进一步开展试点的时候,本书编者所在的机构也曾参与H省司法厅的相关试点设计、调研和讨论活动。当时,不少法律援助机构以及公安部门的同仁都觉得,在看守所设立值班律师,听起来就不太可能。

那时候大家都觉得,开展看守所值班律师工作,最大的障碍在于:(1)于法无据。刑事诉讼法没有明确规定,那么值班律师究竟是不是辩护律师?凭什么会见在押的犯罪嫌疑人、被告人?(2)律师早期介入,会影响办案部门确定口供,对破案不利。(3)律师值班趁机招揽案源、进行不正当竞争怎么办?2011年深圳龙岗看守所设立值班律师办公室,正是当地检察院监所科推动,旨在消除看守所门口"黑律师""黑中介"兜售的法律服务,杜绝其对部分在押人员家属的坑、蒙、骗行为,以及部分门卫室保安利用工作便利进行的寻租。① (4)流于形式,值班律师工作的实质内容不够明确。

后来直到2013年《刑事诉讼法》实施后很长一段时间内,不少设立了看守所值班律师办公室或法律援助工作站的地方,都只是挂了块牌子。值班律师没有实质性的工作可做。在有些尝试开展工作的地方,值班律师就是在看守所门口接待犯罪嫌疑人、被告人家属,而无法直接见到嫌疑人、被告人。

在此背景下,"认罪认罚从宽"试点确实是一个新的契机。为了确保认罪认罚中的控辩平衡及公正审判,该制度明确设定了值班律师,并且值班律师应当直接为犯罪嫌疑人、被告人提供服务。从此,值班律师制度搭上了刑事司法改革的

---

① 朱香山:《深圳龙岗:推进驻所法律服务》,载 http://www.spp.gov.cn/jsjc/201105/t20110519_49787.shtml,最后访问日期:2018年11月3日。

"顺风车"。2018 年 10 月,《刑事诉讼法修正案》正式确认了值班律师制度。

当然,这绝不意味着值班律师工作从此就一路坦途。甚至可以说,搭上司改"顺风车"反而削弱了围绕值班律师的讨论和共识,原来面临的许多疑惑和顾虑并未充分解决。此外,从立法修订到落地实施,还有距离。地区差异无疑会继续存在。立法本身也还有不明确或有待完善之处。解决这些问题需要时间,更需要各利益相关方的智慧和实实在在的努力尝试。

这本培训手册的出版,意味着编者所在机构多年来关注刑事法律援助、推动值班律师工作的努力,暂时告一段落。这是一个中途休息、加油的地方。未来数年,我们仍将继续关注值班律师制度的发展。同时,我们也十分欢迎各地的法律援助机构和法律同行参考、借鉴本手册中的值班律师培训模式。关于协作者培训、参与式方法以及案例演练的设计,关于值班律师职能及工作模式创新的设想,凡此种种,如有任何疑问或反馈,敬请来函交流:dingpeng@ pidli. org。

最后,要感谢所有参与过值班律师培训项目的同仁。这包括法学研究领域的专家:陈虎、程雷、程滔、兰荣杰、刘艳红、李蓉、莫洪宪、穆远征、彭勃、祁建建、吴宏耀、徐卉、叶小琴、张品泽、赵天红等;以及实务领域的同行:曹红玲、陈亮、程立勇、刁凡超、宫步坦、胡晓青、孔焰、李拥军、彭星平、宋军、孙玉、武婕、王海强、王金钊、向洋、许伟、姚艳姣、曾浩桓、张青松、张小兵、赵彩艳等。还要感谢提供交流机会、分享参考文献和先进经验的国际专家:Cecilie Bakke, Jodie Blackstock, Ed Cape, Apple Chan, Jeremy Daum, Jennifer Eikren, Zaza Namoradze, Nicola Macbena, Kaishing Wong,等等。

这是一段长长的旅程,也是一份长长的名单。名单绝非穷尽,旅途仍在继续。与君共勉,江湖再会。

图书在版编目(CIP)数据

刑事法律援助值班律师培训手册 / 张万洪主编. --
北京 : 法律出版社, 2019
ISBN 978-7-5197-3768-9

Ⅰ. ①刑… Ⅱ. ①张… Ⅲ. ①刑事诉讼-法律援助-中国-手册 Ⅳ. ①D926.5-62

中国版本图书馆 CIP 数据核字(2019)第 184836 号

刑事法律援助值班律师培训手册
XINGSHI FALÜ YUANZHU ZHIBAN LÜSHI PEIXUN SHOUCE

张万洪 主编
丁 鹏 执行主编

策划编辑 陈 睿
责任编辑 陈 睿 徐 菲
装帧设计 鲍龙卉

出版 法律出版社
总发行 中国法律图书有限公司
经销 新华书店
印刷 固安华明印业有限公司
责任校对 李景美
责任印制 沙 磊

编辑统筹 法律出版社
开本 710 毫米×1000 毫米 1/16
印张 15
字数 212 千
版本 2019 年 9 月第 1 版
印次 2019 年 9 月第 1 次印刷

法律出版社/北京市丰台区莲花池西里 7 号(100073)
网址/www. lawpress. com. cn
投稿邮箱/info@ lawpress. com. cn
举报维权邮箱/jbwq@ lawpress. com. cn
销售热线/400-660-8393
咨询电话/010-63939796

中国法律图书有限公司/北京市丰台区莲花池西里 7 号(100073)
全国各地中法图分、子公司销售电话:
统一销售客服/400-660-8393/6393
第一法律书店/010-83938432/8433 西安分公司/029-85330678 重庆分公司/023-67453036
上海分公司/021-62071639/1636 深圳分公司/0755-83072995

书号: ISBN 978-7-5197-3768-9 **定价:** 58.00 元
(如有缺页或倒装,中国法律图书有限公司负责退换)